RICARDO R. OLIVE

ROBERTO CLEMENTE
Hit Tras Hit

"Quiero ser recordado como el jugador que dió todo lo que tenía para dar. RC"

ROBERTO CLEMENTE *Hit tras Hit*
© 2022 por Ricardo R. Olivencia De Jesús
ISBN: 978-1-64131-658-3

Diseño de Portada e Interior
por Nodelis-Loly Figueroa
Lord & Loly Graphics Designs

Crédito de toda la investigación
Baseball Reference
www.baseball-reference.com

Foto de portada y prólogo
Prensa Unida Internacional

Foto de contraportada
Colección Ramiro Martínez

A menos que se especifique de otra forma fotos en el libro son provenientes de:
Colección de Ramiro Martínez
Colección de la Fundación Luis Muñoz Marín
Colección de Yuyo Ruíz
Colección de Luis Rodríguez Mayoral

RICARDO OLIVENCIA
ricardoolivencia71@gmail.com

Impreso en los Estados Unidos de América.

Ninguna parte de esta publicación podrá ser reproducida o transmitida de ninguna forma o por algún medio electrónico o mecánico; incluyendo fotocopia, grabación o por cualquier sistema de almacenamiento y recuperación sin el permiso previo por escrito del autor.

Dedicatoria

A Dios Todo Poderoso, a la persona que más quiero en este mundo, a mis padres Ricardo y Carmen Delia, a mis hermanos Orlando y Yovanska Marie, a mis sobrinos Xavier Orlando y Ailed Yovanska, a mis tíos Rafael e Iris Milagros, a mi prima Doris y mi cuñado Jaime Alfonso.

Agradecimientos

Agradezco a todas las personas que me brindaron su apoyo para que yo pudiera llevar a feliz término este trabajo investigativo.

Al Dr. Mark E. Trautmann, Doris González, Michael Gutiérrez Santiago, Luis Rodríguez Mayoral, Sarah Martínez, María Josefina Vizcarrondo Godreau, Katya Ponce Moreno y Carlos Uriarte.

CONTENIDO

Dedicatoria

Agradecimientos

5   Prólogo

9   Introducción

11   Capítulo I   **CLEMENTE**: La estrella en ciernes

57   Capítulo II   **CLEMENTE**: La máquina de hits

169   Capítulo III   **CLEMENTE**: La leyenda

199   Capítulo IV   **CLEMENTE**: Juego de Estrellas, Postemporada y Serie del Caribe

205   Capítulo V   **CLEMENTE**: Curiosidades

210   21 Datos interesantes

215   Datos del Autor

Prólogo

por Luis Rodríguez Mayoral

l legado de **Roberto Clemente** como ser humano y pelotero es impresionante e histórico. Está vinculado a distintos lugares en la historia durante el pasado siglo con resonancias internacionales.

Roberto Clemente fue dotado por Dios con un dinamismo único como pelotero, que trascendió más allá de los estadios donde vio acción en Grandes Ligas. Roberto jamás abandonó su fe cristiana basada en sus raíces bautistas.

El receptor Manny Sanguillén recuerda a su mejor amigo de la siguiente manera, "**Roberto** jugó con gran pasión, únicamente comparable con su entrega total en eso de hacer una diferencia en las vidas de personas en desventajas y con necesidades".

Roberto Clemente conoció al reverendo Martin Luther King en 1962, el año previo, el reverendo compartió con Al Abrams, periodista deportivo del Pittsburgh Post Gazette, durante un juego en el Forbes Field de Pittsburgh. El reverendo le comentó "Yo sigo la carrera de **Roberto** desde que los Piratas lo subieron a las Grandes Ligas. Deberá ser una de las grandes estrellas del juego antes de su retiro".

Yo fui afortunado desde adolescente, porqué Dios me regaló la amistad-hermandad de **Roberto** hasta su

muerte. Lo recuerdo como un hombre cuya trayectoria en vida es digna de ser emulada, pues él fue un modelo para la humanidad. Experimentó el sacrificio supremo en misión de buena voluntad destinada a miles de víctimas del terremoto ocurrido en Nicaragua. Medio siglo después de su transición hacia la diestra de Dios, todavía se recuerda a **Roberto** como un ser humano excepcional. A veces pienso, que para muchos seres humanos en distintas partes del globo terráqueo, dentro y fuera del béisbol, Roberto Clemente es recordado como una figura casi sagrada.

A un buen hombre como **Roberto Clemente**, desde mi punto de vista, ningún mal lo venció en vida y menos luego de su muerte. Entiendo que aún siendo imperfecto como lo somos todos, **Roberto Clemente** no permitió que la sociedad lo contaminara.

El jueves 4 de enero de 1973, durante el servicio religioso en su honor en la Iglesia Católica San Fernando de Carolina, el Comisionado de Grandes Ligas, Bowie K. Kuhn, comentó "Él tenía consigo un toque de realeza".

En este libro de la autoría del respetado colega y amigo, Ricardo R. Olivencia De Jesús, los lectores se beneficiarán de una forma muy genuina, curiosa y única. El autor resalta con lujo de detalles cada uno de los 3,000 hits de Clemente durante sus temporadas en las Mayores y en la Serie del Caribe. Además de datos misceláneos desconocidos por muchos lectores.

Una vez más, mis respetos y admiración por al autor de esta gran obra, Ricardo R. Olivencia De Jesús.

¡Espero la disfruten!

Roberto Enrique Clemente Walker
Nació en Carolina, Puerto Rico
Fecha de nacimiento: 18 de agosto de 1934
Fecha de muerte: 31 de diciembre de 1972

Roberto Clemente en uniforme de los
Mulos del Valenciano de Juncos. (1951)

Introducción

> *"Preparado Matlack. Hace el "wind up", ahí va el lanzamiento, le tira y ahí va una línea tremenda entre "left" y "center" la bola pica, va a dar contra la pared, el hit número 3,000... ¡LO LOGRÓ!, ¡LO LOGRÓ!, un doble de Roberto Clemente contra la pared del "left center", como él lo quería, limpio completamente, entre dos, al segundo lanzamiento del zurdo Jon Matlack".* Narración: Felo Ramírez.

ROBERTO CLEMENTE: *Hit tras Hit*, es una obra que honra a **Roberto Clemente** en el cincuentenario de su hit 3,000 en Grandes Ligas. Este libro es un compendio exhaustivo de cada uno de los hits conectados por **Roberto Clemente** en temporada regular, incluyendo la postemporada y la Serie del Caribe.

La investigación recoje el nombre de cada lanzador que fue víctima de **Roberto Clemente**. Cada hit está documentado en orden cronológico, temporada por temporada, día por día, entrada por entrada. Se incluye el nombre del lanzador, fecha, entrada, tipo de hit y ciudad donde se celebró cada juego.

Repleto de todo tipo de datos históricos, este libro cumple con la misión de informar a un público ávido de conocimiento.

La idea de publicar este libro, lucía descabellada. Hoy es una realidad. Espero que disfrutes desde otra perspectiva, la grandeza de **Roberto Clemente**.

1

CLEMENTE
UNA ESTRELLA EN CIERNES

Clemente compartiendo con amigas durante un reconocimiento en el Parque Sixto Escobar de San Juan. (1955)

TEMPORADA DE 1955

HIT	LANZADOR	DÍA	ENTRADA	TIPO DE HIT	CIUDAD	EQUIPOS
ABRIL						
1	Johnny Podres	17	1	Sencillo	Pittsburgh	BRO @ PIT
2	Clem Labine	17	6	Doble	Pittsburgh	BRO @ PIT
3	Clem Labine	17	8	Sencillo	Pittsburgh	BRO @ PIT
4	Don Liddle	18	5	IPHR	Nueva York	PIT @ NYG
5	Don Liddle	18	7	Sencillo	Nueva York	PIT @ NYG
6	Herm Wehmeier	22	1	Triple	Filadelfia	PIT @ PHI
7	Jim Owens	24	2	Sencillo	Filadelfia	PIT @ PHI
8	Dave Cole	24	8	Doble	Filadelfia	PIT @ PHI
9	Jack Meyer	24	3	Sencillo	Filadelfia	PIT @ PHI
10	Paul Minner	27	4	Sencillo	Pittsburgh	CHC @ PIT
11	Vicente Amor	27	8	Sencillo	Pittsburgh	CHC @ PIT
12	Joe Nuxhall	29	1	Sencillo	Pittsburgh	CIN @ PIT
13	Bud Podbielan	30	7	Sencillo	Pittsburgh	CIN @ PIT
MAYO						
14	Floyd Wooldridge	1	3	Sencillo	Pittsburgh	STL @ PIT
15	Floyd Wooldridge	1	5	Triple	Pittsburgh	STL @ PIT
16	Bobby Tiefenauer	1	7	Sencillo	Pittsburgh	STL @ PIT
17	Gordon Jones	1	3	Sencillo	Pittsburgh	STL @ PIT
18	Gordon Jones	1	6	Sencillo	Pittsburgh	STL @ PIT
19	Frank Smith	2	7	Sencillo	Pittsburgh	STL @ PIT

HIT	LANZADOR	DÍA	ENTRADA	TIPO DE HIT	CIUDAD	EQUIPOS
20	Warren Spahn	3	1	HR	Pittsburgh	MLN @ PIT
21	Bob Buhl	5	2	Sencillo	Pittsburgh	MLN @ PIT
22	Bob Buhl	5	5	Doble	Pittsburgh	MLN @ PIT
23	Johnny Antonelli	6	7	Triple	Nueva York	PIT @ NYG
24	Jim Hearn	7	1	Sencillo	Nueva York	PIT @ NYG
25	Windy McCall	8	7	Doble	Nueva York	PIT @ NYG
26	Dave Jolly	10	8	Doble	Milwaukee	PIT @ MLN
27	Chet Nichols	11	1	Doble	Milwaukee	PIT @ MLN
28	Chet Nichols	11	6	Sencillo	Milwaukee	PIT @ MLN
29	Brooks Lawrence	14	4	Sencillo	San Luis	PIT @ STL
30	Luis Arroyo	16	6	Doble	San Luis	PIT @ STL
31	Joe Nuxhall	17	8	Sencillo	Cincinnati	PIT @ CIN
32	Rudy Minarcin	18	9	Sencillo	Cincinnati	PIT @ CIN
33	Windy McCall	20	1	Sencillo	Pittsburgh	NYG @ PIT
34	Sal Maglie	21	1	HR	Pittsburgh	NYG @ PIT
35	Sal Maglie	21	3	Sencillo	Pittsburgh	NYG @ PIT
36	Rubén Gómez	22	8	Sencillo	Pittsburgh	NYG @ PIT
37	Johnny Podres	24	3	Doble	Pittsburgh	BRO @ PIT
38	Joe Black	24	5	Sencillo	Pittsburgh	BRO @ PIT
39	Dave Cole	29	1	Doble	Pittsburgh	PHI @ PIT
40	Dave Cole	29	2	Sencillo	Pittsburgh	PHI @ PIT
41	Dave Cole	29	4	Sencillo	Pittsburgh	PHI @ PIT
42	Thornton Kipper	29	5	Doble	Pittsburgh	PHI @ PIT

HIT	LANZADOR	DÍA	ENTRADA	TIPO DE HIT	CIUDAD	EQUIPOS
43	Ron Mrozinski	29	7	Doble	Pittsburgh	PHI @ PIT
44	Russ Meyer	30	1	Sencillo	Brooklyn	PIT @ BRO
45	Don Newcombe	30	2	Sencillo	Brooklyn	PIT @ BRO
46	Don Newcombe	30	9	Sencillo	Brooklyn	PIT @ BRO
47	Clem Labine	31	5	Sencillo	Brooklyn	PIT @ BRO
		JUNIO				
48	Luis Arroyo	1	3	Sencillo	Pittsburgh	STL @ PIT
49	Harvey Haddix	2	3	Sencillo	Pittsburgh	STL @ PIT
50	Brooks Lawrence	2	4	Sencillo	Pittsburgh	STL @ PIT
51	Paul LaPalme	2	6	Sencillo	Pittsburgh	STL @ PIT
52	Gerry Staley	3	1	Sencillo	Pittsburgh	CIN @ PIT
53	Art Fowler	3	6	Sencillo	Pittsburgh	CIN @ PIT
54	Steve Ridzik	3	8	Sencillo	Pittsburgh	CIN @ PIT
55	Joe Nuxhall	5	6	Sencillo	Pittsburgh	CIN @ PIT
56	Hersh Freeman	5	7	Triple	Pittsburgh	CIN @ PIT
57	Warren Hacker	7	5	Sencillo	Pittsburgh	CHC @ PIT
58	Bob Rush	8	8	Sencillo	Pittsburgh	CHC @ PIT
59	Luis Arroyo	15	8	Sencillo	San Luis	PIT @ STL
60	Gerry Staley	18	3	Sencillo	Cincinnati	PIT @ CIN
61	Gerry Staley	18	8	Sencillo	Cincinnati	PIT @ CIN
62	Rudy Minarcin	19	1	Sencillo	Cincinnati	PIT @ CIN
63	Rudy Minarcin	19	3	Sencillo	Cincinnati	PIT @ CIN
64	Joe Black	19	9	HR	Cincinnati	PIT @ CIN

HIT	LANZADOR	DÍA	ENTRADA	TIPO DE HIT	CIUDAD	EQUIPOS
65	Bob Buhl	21	4	Sencillo	Milwaukee	PIT @ MLN
66	Bob Buhl	21	8	Sencillo	Milwaukee	PIT @ MLN
67	Warren Spahn	22	8	Sencillo	Milwaukee	PIT @ MLN
68	Warren Hacker	25	4	Sencillo	Chicago	PIT @ CHC
69	Jim Davis	26	6	Sencillo	Chicago	PIT @ CHC
70	Herb Wehmeier	28	8	Sencillo	Filadelfia	PIT @ PHI
			JULIO			
71	Don Newcombe	2	9	Sencillo	Brooklyn	PIT @ BRO
72	Ed Roebuck	3	4	Triple	Brooklyn	PIT @ BRO
73	Ed Roebuck	3	5	Triple	Brooklyn	PIT @ BRO
74	Hoyt Wilhelm	4	8	Sencillo	Pittsburgh	NYG @ PIT
75	Johnny Antonelli	5	3	Sencillo	Pittsburgh	NYG @ PIT
76	Johnny Antonelli	5	8	Sencillo	Pittsburgh	NYG @ PIT
77	Carl Erskine	6	1	Sencillo	Pittsburgh	BRO @ PIT
78	Sandy Koufax	6	5	Sencillo	Pittsburgh	BRO @ PIT
79	Herm Wehmeier	8	3	Doble	Pittsburgh	PHI @ PIT
80	Curt Simmons	10	6	Triple	Pittsburgh	PHI @ PIT
81	Luis Arroyo	16	1	Sencillo	Pittsburgh	STL @ PIT
82	Luis Arroyo	16	3	Doble	Pittsburgh	STL @ PIT
83	Harvey Haddix	17	4	Sencillo	Pittsburgh	STL @ PIT
84	Warren Spahn	21	3	Doble	Pittsburgh	MLN @ PIT
85	Paul Minner	22	7	Sencillo	Pittsburgh	CHC @ PIT
86	Luis Arroyo	26	8	Sencillo	San Luis	PIT @ STL

HIT	LANZADOR	DÍA	ENTRADA	TIPO DE HIT	CIUDAD	EQUIPOS
87	Joe Nuxhall	29	3	Doble	Cincinnati	PIT @ CIN
88	Don Gross	31	6	Sencillo	Cincinnati	PIT @ CIN
89	Hersh Freeman	31	9	Sencillo	Cincinnati	PIT @ CIN
		AGOSTO				
90	Paul Minner	1	3	Sencillo	Chicago	PIT @ CHC
91	Jim Davis	3	4	Doble	Chicago	PIT @ CHC
92	Harry Perkowski	3	11	Sencillo	Chicago	PIT @ CHC
93	Howie Pollet	4	1	Sencillo	Chicago	PIT @ CHC
94	Dave Hillman	4	6	Triple	Chicago	PIT @ CHC
95	Warren Spahn	5	1	Sencillo	Milwaukee	PIT @ MLN
96	Phil Paine	5	3	Sencillo	Milwaukee	PIT @ MLN
97	Dave Jolly	5	7	Sencillo	Milwaukee	PIT @ MLN
98	Chet Nichols	7	6	Doble	Milwaukee	PIT @ MLN
99	Johnny Antonelli	14	8	Sencillo	Nueva York	PIT @ NYG
100	Herb Wehmeier	16	2	Sencillo	Pittsburgh	PHI @ PIT
101	Curt Simmons	17	1	Sencillo	Pittsburgh	PHI @ PIT
102	Johnny Antonelli	19	2	Sencillo	Pittsburgh	NYG @ PIT
103	Johnny Antonelli	19	4	HR	Pittsburgh	NYG @ PIT
104	Johnny Antonelli	19	6	Sencillo	Pittsburgh	NYG @ PIT
105	Rubén Gómez	20	1	Sencillo	Pittsburgh	NYG @ PIT
106	Rubén Gómez	20	7	Triple	Pittsburgh	NYG @ PIT
107	Jim Hearn	20	10	Sencillo	Pittsburgh	NYG @ PIT
108	Art Fowler	23	4	Sencillo	Pittsburgh	CIN @ PIT

HIT	LANZADOR	DÍA	ENTRADA	TIPO DE HIT	CIUDAD	EQUIPOS
109	Art Fowler	23	5	Sencillo	Pittsburgh	CIN @ PIT
110	Art Fowler	23	7	Doble	Pittsburgh	CIN @ PIT
111	Joe Nuxhall	24	4	Doble	Pittsburgh	CIN @ PIT
SEPTIEMBRE						
112	Karl Spooner	2	8	Doble	Brooklyn	PIT @ BRO
113	Warren Spahn	9	1	Doble	Milwaukee	PIT @ MLN
114	Ray Crone	10	8	Triple	Milwaukee	PIT @ MLN
115	Al Gettel	12	9	Sencillo	San Luis	PIT @ STL
116	Joe Nuxhall	13	8	Doble	Cincinnati	PIT @ CIN
117	Johnny Antonelli	20	8	Doble	Nueva York	PIT @ NYG
118	Hoyt Wilhelm	20	9	Sencillo	Nueva York	PIT @ NYG
119	Don Liddle	21	9	Sencillo	Nueva York	PIT @ NYG
120	Johnny Podres	25	1	Triple	Pittsburgh	BRO @ PIT
121	Roger Craig	25	9	Sencillo	Pittsburgh	BRO @ PIT

RESUMEN · TEMPORADA 1955

17 de abril	Clemente conectó un sencillo en su primer turno en Grandes Ligas.
18 de abril	Clemente conectó el primero de sus diez jonrones dentro del parque.
27 de abril	Clemente participó del juego que tuvo la menor asistencia de público registrada en su carrera en Grandes Ligas. (1,044 personas)
8 de mayo	Clemente se enfrentó al primer lanzador puertorriqueño en su carrera en Grandes Ligas. (Rubén Gómez)
12 de mayo	Clemente vio acción en el primer juego sin hits lanzado por un lanzador afroamericano. (Sam Jones)
22 de mayo	Clemente le conectó a Rubén Gómez el último hit de su carrera utilizando el número 13.
24 de mayo	**Clemente utilizó por primera vez en su carrera el número 21.**
29 de mayo	Clemente se convirtió en el primer puertorriqueño en conectar cinco hits en un juego de Grandes Ligas.
7 de junio	Clemente recibió su primer pelotazo en un juego de Grandes Ligas.
9 al 15 de junio	Clemente atravesó su peor racha ofensiva en toda su carrera en Grandes Ligas. (0-23)

Clemente conectó hit en ambos partidos de un doble juego los siguientes días: 17 y 24 de abril, 1 y 30 de mayo, 6 de julio, 3 de agosto y 20 de septiembre.

Clemente realizando el lanzamiento de honor antes de un juego en el Parque Sixto Escobar de San Juan. (1955)

TEMPORADA DE 1956

HIT	LANZADOR	DÍA	ENTRADA	TIPO DE HIT	CIUDAD	EQUIPOS
			ABRIL			
122	Rubén Gómez	18	1	Sencillo	Nueva York	PIT @ NYG
123	Steve Ridzik	18	4	Sencillo	Nueva York	PIT @ NYG
124	Al Worthington	19	6	Sencillo	Nueva York	PIT @ NYG
125	Roger Craig	20	9	Sencillo	Pittsburgh	BRO @ PIT
126	Don Newcombe	22	6	Doble	Pittsburgh	BRO @ PIT
127	Jim Owens	25	7	Triple	Filadelfia	PIT @ PHI
128	Roger Craig	27	1	Sencillo	Brooklyn	PIT @ BRO
129	Don Newcombe	28	2	Sencillo	Brooklyn	PIT @ BRO
130	Sandy Koufax	29	8	Sencillo	Brooklyn	PIT @ BRO
131	Ken Lehman	29	2	Sencillo	Brooklyn	PIT @ BRO
			MAYO			
132	Vinegar Bend Mizell	1	4	Sencillo	San Luis	PIT @ STL
133	Harvey Haddix	2	2	Sencillo	San Luis	PIT @ STL
134	Harvey Haddix	2	4	Doble	San Luis	PIT @ STL
135	Joe Nuxhall	3	4	Sencillo	Cincinnati	PIT @ CIN
136	Joe Nuxhall	5	4	Doble	Cincinnati	PIT @ CIN
137	Joe Nuxhall	5	8	Doble	Cincinnati	PIT @ CIN
138	Jack Meyer	11	9	Sencillo	Pittsburgh	PHI @ PIT
139	Harvey Haddix	13	4	Doble	Pittsburgh	PHI @ PIT
140	Angelo LiPetri	13	7	Sencillo	Pittsburgh	PHI @ PIT

HIT	LANZADOR	DÍA	ENTRADA	TIPO DE HIT	CIUDAD	EQUIPOS
141	Joe Nuxhall	16	4	Sencillo	Pittsburgh	CIN @ PIT
142	Hal Jeffcoat	16	7	Sencillo	Pittsburgh	CIN @ PIT
143	Turk Lown	18	9	Sencillo	Pittsburgh	CHC @ PIT
144	Jim Davis	19	8	Sencillo	Pittsburgh	CHC @ PIT
145	Lou Sleater	20	7	Doble	Pittsburgh	MLN @ PIT
146	Warren Spahn	20	6	Doble	Pittsburgh	MLN @ PIT
147	Warren Spahn	20	7	Sencillo	Pittsburgh	MLN @ PIT
148	Johnny Antonelli	30	1	Doble	Pittsburgh	NYG @ PIT
149	Don Liddle	30	4	Sencillo	Pittsburgh	NYG @ PIT
150	Hoyt Wilhelm	30	6	Sencillo	Pittsburgh	NYG @ PIT
			JUNIO			
151	Warren Spahn	1	5	Sencillo	Milwaukee	PIT @ MLN
152	Bob Buhl	3	9	Sencillo	Milwaukee	PIT @ MLN
153	Warren Hacker	5	6	Sencillo	Chicago	PIT @ CHC
154	Warren Hacker	5	8	Sencillo	Chicago	PIT @ CHC
155	Paul Minner	6	1	Sencillo	Chicago	PIT @ CHC
156	Paul Minner	6	3	Sencillo	Chicago	PIT @ CHC
157	Vito Valentinetti	6	5	HR	Chicago	PIT @ CHC
158	Jim Davis	6	8	Sencillo	Chicago	PIT @ CHC
159	Bob Rush	7	7	Sencillo	Chicago	PIT @ CHC
160	Murry Dickson	8	10	Sencillo	San Luis	PIT @ STL
161	Vinegar Bend Mizell	9	2	Triple	San Luis	PIT @ STL
162	Vinegar Bend Mizell	9	4	Sencillo	San Luis	PIT @ STL

HIT	LANZADOR	DÍA	ENTRADA	TIPO DE HIT	CIUDAD	EQUIPOS
163	Willard Schmidt	10	1	Sencillo	San Luis	PIT @ STL
164	Willard Schmidt	10	5	Sencillo	San Luis	PIT @ STL
165	Larry Jackson	10	9	Doble	San Luis	PIT @ STL
166	Herm Wehmeier	10	6	Sencillo	San Luis	PIT @ STL
167	Joe Nuxhall	12	5	HR	Cincinnati	PIT @ CIN
168	Vinegar Bend Mizell	15	1	Sencillo	Pittsburgh	STL @ PIT
169	Larry Jackson	15	6	Sencillo	Pittsburgh	STL @ PIT
170	Warren Spahn	18	2	Sencillo	Pittsburgh	MLN @ PIT
171	Warren Spahn	18	6	Sencillo	Pittsburgh	MLN @ PIT
172	Gene Conley	20	1	Sencillo	Pittsburgh	MLN @ PIT
173	Gene Conley	20	7	Sencillo	Pittsburgh	MLN @ PIT
174	Gene Conley	20	9	Sencillo	Pittsburgh	MLN @ PIT
175	Brooks Lawrence	27	4	Sencillo	Pittsburgh	CIN @ PIT
176	Jim Hearn	29	4	HR	Pittsburgh	NYG @ PIT

JULIO

HIT	LANZADOR	DÍA	ENTRADA	TIPO DE HIT	CIUDAD	EQUIPOS
177	Johnny Antonelli	1	5	Sencillo	Pittsburgh	NYG @ PIT
178	Johnny Antonelli	1	7	Sencillo	Pittsburgh	NYG @ PIT
179	Marv Grissom	1	9	Sencillo	Pittsburgh	NYG @ PIT
180	Dick Littlefield	1	1	Sencillo	Pittsburgh	NYG @ PIT
181	Johnny Antonelli	7	7	Sencillo	Nueva York	PIT @ NYG
182	Hoyt Wilhelm	7	9	Sencillo	Nueva York	PIT @ NYG
183	Al Worthington	8	2	Doble	Nueva York	PIT @ NYG
184	Al Worthington	8	6	Doble	Nueva York	PIT @ NYG

HIT	LANZADOR	DÍA	ENTRADA	TIPO DE HIT	CIUDAD	EQUIPOS
185	Turk Lown	12	8	Sencillo	Chicago	PIT @ CHC
186	Warren Hacker	13	4	Triple	Chicago	PIT @ CHC
187	Warren Hacker	13	6	Sencillo	Chicago	PIT @ CHC
188	Turk Lown	13	7	Sencillo	Chicago	PIT @ CHC
189	Jim Davis	14	2	Sencillo	Chicago	PIT @ CHC
190	Jim Davis	14	7	Sencillo	Chicago	PIT @ CHC
191	Turk Lown	14	9	Sencillo	Chicago	PIT @ CHC
192	Warren Spahn	15	2	Sencillo	Milwaukee	PIT @ MLN
193	Warren Spahn	15	6	Sencillo	Milwaukee	PIT @ MLN
194	Bob Buhl	16	4	Sencillo	Milwaukee	PIT @ MLN
195	Vinegar Bend Mizell	18	7	Sencillo	San Luis	PIT @ STL
196	Don Gross	20	1	Sencillo	Cincinnati	PIT @ CIN
197	Don Gross	20	3	Sencillo	Cincinnati	PIT @ CIN
198	Don Gross	20	4	Sencillo	Cincinnati	PIT @ CIN
199	Brooks Lawrence	21	9	HR	Cincinnati	PIT @ CIN
200	Joe Nuxhall	22	1	Doble	Cincinnati	PIT @ CIN
201	Joe Nuxhall	22	3	Sencillo	Cincinnati	PIT @ CIN
202	Bob Rush	24	1	Triple	Pittsburgh	CHC @ PIT
203	Bob Rush	24	3	HR	Pittsburgh	CHC @ PIT
204	Warren Hacker	25	4	Sencillo	Pittsburgh	CHC @ PIT
205	Jim Brosnan	25	9	IPHR	Pittsburgh	CHC @ PIT
206	Sam Jones	26	4	Doble	Pittsburgh	CHC @ PIT
207	Art Fowler	27	9	Sencillo	Pittsburgh	CIN @ PIT

HIT	LANZADOR	DÍA	ENTRADA	TIPO DE HIT	CIUDAD	EQUIPOS
208	Johnny Klippstein	28	8	HR	Pittsburgh	CIN @ PIT
209	Don Gross	29	2	Sencillo	Pittsburgh	CIN @ PIT
210	Hersh Freeman	30	7	Sencillo	Pittsburgh	CIN @ PIT
211	Hersh Freeman	30	9	Sencillo	Pittsburgh	CIN @ PIT
212	Murry Dickson	31	4	Sencillo	Pittsburgh	STL @ PIT
		AGOSTO				
213	Willard Schmidt	1	2	Sencillo	Pittsburgh	STL @ PIT
214	Willard Schmidt	1	7	Sencillo	Pittsburgh	STL @ PIT
215	Willard Schmidt	1	9	Sencillo	Pittsburgh	STL @ PIT
216	Warren Spahn	3	3	Sencillo	Pittsburgh	MLN @ PIT
217	Gene Conley	5	4	Doble	Pittsburgh	MLN @ PIT
218	Roger Craig	8	1	Sencillo	Pittsburgh	BRO @ PIT
219	Ed Roebuck	9	8	Doble	Pittsburgh	BRO @ PIT
220	Johnny Antonelli	11	6	Sencillo	Pittsburgh	NYG @ PIT
221	Windy McCall	12	2	Doble	Pittsburgh	NYG @ PIT
222	Steve Ridzik	12	6	Sencillo	Pittsburgh	NYG @ PIT
223	Hoyt Wilhelm	12	8	Sencillo	Pittsburgh	NYG @ PIT
224	Harvey Haddix	14	4	Sencillo	Filadelfia	PIT @ PHI
225	Curt Simmons	14	4	Sencillo	Filadelfia	PIT @ PHI
226	Jack Meyer	15	2	Sencillo	Filadelfia	PIT @ PHI
227	Jack Meyer	15	8	Sencillo	Filadelfia	PIT @ PHI
228	Ben Flowers	15	9	Sencillo	Filadelfia	PIT @ PHI
229	Robin Roberts	16	4	Sencillo	Filadelfia	PIT @ PHI

HIT	LANZADOR	DÍA	ENTRADA	TIPO DE HIT	CIUDAD	EQUIPOS
230	Ron Negray	16	9	Sencillo	Filadelfia	PIT @ PHI
231	Joe Margoneri	17	4	Sencillo	Nueva York	PIT @ NYG
232	Hoyt Wilhelm	17	8	Sencillo	Nueva York	PIT @ NYG
233	Windy McCall	18	8	Doble	Nueva York	PIT @ NYG
234	Jim Hearn	19	2	Doble	Nueva York	PIT @ NYG
235	Dick Littlefield	19	6	Triple	Nueva York	PIT @ NYG
236	Johnny Antonelli	19	4	Sencillo	Nueva York	PIT @ NYG
237	Don Gross	21	8	Sencillo	Cincinnati	PIT @ CIN
238	Joe Nuxhall	22	4	Doble	Cincinnati	PIT @ CIN
239	Joe Nuxhall	22	6	Sencillo	Cincinnati	PIT @ CIN
240	Vinegar Bend Mizell	23	4	Sencillo	San Luis	PIT @ STL
241	Murry Dickson	24	6	Doble	San Luis	PIT @ STL
242	Herm Wehmeier	25	1	Sencillo	San Luis	PIT @ STL
243	Bob Blaylock	25	7	Sencillo	San Luis	PIT @ STL
244	Bob Rush	26	6	Doble	Chicago	PIT @ CHC
245	Bob Rush	26	8	Doble	Chicago	PIT @ CHC
246	Ron Kline	26	5	Sencillo	Chicago	PIT @ CHC
247	Roy Face	29	9	Sencillo	Milwaukee	PIT @ MLN
248	Granny Hamner	31	5	Sencillo	Pittsburgh	PHI @ PIT
249	Stu Miller	31	7	Doble	Pittsburgh	PHI @ PIT
		SEPTIEMBRE				
250	Saul Rogovin	1	4	Doble	Pittsburgh	PHI @ PIT
251	Saul Rogovin	1	6	Doble	Pittsburgh	PHI @ PIT

HIT	LANZADOR	DÍA	ENTRADA	TIPO DE HIT	CIUDAD	EQUIPOS
252	Curt Simmons	2	1	Sencillo	Pittsburgh	PHI @ PIT
253	Curt Simmons	2	3	Sencillo	Pittsburgh	PHI @ PIT
254	Duane Pillette	2	6	Doble	Pittsburgh	PHI @ PIT
255	Stu Miller	2	8	Sencillo	Pittsburgh	PHI @ PIT
256	Robin Roberts	2	4	Sencillo	Pittsburgh	PHI @ PIT
257	Robin Roberts	2	7	Doble	Pittsburgh	PHI @ PIT
258	Roger Craig	3	1	Sencillo	Brooklyn	PIT @ BRO
259	Roger Craig	3	6	Sencillo	Brooklyn	PIT @ BRO
260	Sal Maglie	5	4	Sencillo	Brooklyn	PIT @ BRO
261	Sal Maglie	5	8	Sencillo	Brooklyn	PIT @ BRO
262	Robin Roberts	7	1	Sencillo	Filadelfia	PIT @ PHI
263	Robin Roberts	7	8	Sencillo	Filadelfia	PIT @ PHI
264	Saul Rogovin	8	3	Doble	Filadelfia	PIT @ PHI
265	Bob Miller	9	1	Doble	Filadelfia	PIT @ PHI
266	Harvey Haddix	9	5	Sencillo	Filadelfia	PIT @ PHI
267	Bob Rush	11	7	Sencillo	Pittsburgh	CHC @ PIT
268	Turk Lown	11	9	Sencillo	Pittsburgh	CHC @ PIT
269	Hal Jeffcoat	13	1	Sencillo	Pittsburgh	CIN @ PIT
270	Brooks Lawrence	15	1	Triple	Pittsburgh	CIN @ PIT
271	Hersh Freeman	15	7	Sencillo	Pittsburgh	CIN @ PIT
272	Murry Dickson	16	1	Sencillo	Pittsburgh	STL @ PIT
273	Bob Blaylock	16	3	Sencillo	Pittsburgh	STL @ PIT
274	Bob Blaylock	16	4	Sencillo	Pittsburgh	STL @ PIT

HIT	LANZADOR	DÍA	ENTRADA	TIPO DE HIT	CIUDAD	EQUIPOS
275	Jim Konstanty	16	8	Doble	Pittsburgh	STL @ PIT
276	Lew Burdette	18	1	Sencillo	Pittsburgh	MLN @ PIT
277	Lew Burdette	18	3	Sencillo	Pittsburgh	MLN @ PIT
278	Lew Burdette	18	5	Sencillo	Pittsburgh	MLN @ PIT
279	Ray Crone	20	10	Sencillo	Pittsburgh	MLN @ PIT
280	Don Newcombe	23	1	Sencillo	Pittsburgh	BRO @ PIT
281	Don Newcombe	23	3	Sencillo	Pittsburgh	BRO @ PIT
282	Don Newcombe	23	4	Sencillo	Pittsburgh	BRO @ PIT
283	Clem Labine	24	1	Sencillo	Pittsburgh	BRO @ PIT
284	Ed Roebuck	24	3	Sencillo	Pittsburgh	BRO @ PIT
285	Max Surkont	25	8	Sencillo	Nueva York	PIT @ NYG
286	Clem Labine	29	4	Sencillo	Brooklyn	PIT @ BRO
287	Clem Labine	29	6	Triple	Brooklyn	PIT @ BRO
288	Clem Labine	29	8	Sencillo	Brooklyn	PIT @ BRO
289	Don Newcombe	30	3	Sencillo	Brooklyn	PIT @ BRO
290	Don Bessent	30	9	Sencillo	Brooklyn	PIT @ BRO

RESUMEN · TEMPORADA 1956

22 de mayo	Clemente jugó su único juego como antesalista.
10 de junio	Clemente jugó su primer juego como intermedista.
14 de julio	Clemente jugó su segundo juego como intermedista.
25 de julio	Clemente se convirtió en el único jugador en conectar un jonrón dentro del parque, con las bases llenas, para dejar en el terreno de juego al equipo contrario.
14 ago-23 sept	Clemente jugó 51 juegos consecutivos sin recibir una base por bolas. (marca personal)

Clemente conectó hit en ambos partidos de un doble juego los siguientes días: 29 de abril, 20 y 30 de mayo, 10 de junio, 14, 19 y 26 de agosto, 2, 9 y 16 de septiembre.

30 de sept	Clemente finalizó su primera temporada con un promedio ofensivo de .300.

Clemente con Ramiro Martínez durante un entrenamiento primaveral. (1960)

TEMPORADA DE 1957

HIT	LANZADOR	DÍA	ENTRADA	TIPO DE HIT	CIUDAD	EQUIPOS
ABRIL						
291	Johnny Podres	20	5	Sencillo	Brooklyn	PIT @ BRO
292	Don Newcombe	21	1	Sencillo	Brooklyn	PIT @ BRO
293	Don Newcombe	21	2	Sencillo	Brooklyn	PIT @ BRO
294	Sandy Koufax	21	8	Doble	Brooklyn	PIT @ BRO
295	Rubén Gómez	22	1	Sencillo	Nueva York	PIT @ NYG
296	Curt Simmons	24	3	Sencillo	Filadelfia	PIT @ PHI
297	Johnny Podres	26	1	Sencillo	Pittsburgh	BRO @ PIT
298	Don Bessent	26	7	Doble	Pittsburgh	BRO @ PIT
299	Don Newcombe	27	6	Sencillo	Pittsburgh	BRO @ PIT
300	Don Newcombe	27	8	Sencillo	Pittsburgh	BRO @ PIT
301	Roger Craig	28	4	Sencillo	Pittsburgh	BRO @ PIT
302	Sam Jones	30	4	Triple	Pittsburgh	STL @ PIT
303	Sam Jones	30	9	Sencillo	Pittsburgh	STL @ PIT
MAYO						
304	Willard Schmidt	1	4	Sencillo	Pittsburgh	STL @ PIT
305	Willard Schmidt	1	6	Doble	Pittsburgh	STL @ PIT
306	Lew Burdette	2	4	Sencillo	Pittsburgh	MLN @ PIT
307	Lew Burdette	2	7	Sencillo	Pittsburgh	MLN @ PIT
308	Gene Conley	3	6	Doble	Pittsburgh	MLN @ PIT
309	Brooks Lawrence	5	2	HR	Pittsburgh	CIN @ PIT

HIT	LANZADOR	DÍA	ENTRADA	TIPO DE HIT	CIUDAD	EQUIPOS
310	Tom Poholsky	7	3	Sencillo	Pittsburgh	CHC @ PIT
311	Dick Drott	8	1	Doble	Pittsburgh	CHC @ PIT
312	Dick Drott	8	7	Sencillo	Pittsburgh	CHC @ PIT
313	Harvey Haddix	11	1	IPHR	Pittsburgh	PHI @ PIT
314	Harvey Haddix	11	3	Sencillo	Pittsburgh	PHI @ PIT
315	Harvey Haddix	11	5	Sencillo	Pittsburgh	PHI @ PIT
316	Curt Simmons	12	5	Triple	Pittsburgh	PHI @ PIT
317	Curt Simmons	12	7	Sencillo	Pittsburgh	PHI @ PIT
318	Robin Roberts	12	3	Sencillo	Pittsburgh	PHI @ PIT
319	Juan Pizarro	16	4	HR	Milwaukee	PIT @ MLN
320	Warren Spahn	18	3	Sencillo	Milwaukee	PIT @ MLN
321	Lew Burdette	18	7	Sencillo	Milwaukee	PIT @ MLN
322	Brooks Lawrence	19	9	Sencillo	Cincinnati	PIT @ CIN
323	Warren Hacker	19	1	Sencillo	Cincinnati	PIT @ CIN
324	Tom Acker	19	9	Doble	Cincinnati	PIT @ CIN
325	Jack Sanford	24	7	Sencillo	Filadelfia	PIT @ PHI
326	Curt Simmons	26	1	Sencillo	Filadelfia	PIT @ PHI
327	Jim Hearn	26	3	Sencillo	Filadelfia	PIT @ PHI
328	Seth Morehead	26	6	Triple	Filadelfia	PIT @ PHI
329	Saul Rogovin	26	8	Sencillo	Filadelfia	PIT @ PHI
330	Don Cardwell	26	5	Sencillo	Filadelfia	PIT @ PHI
331	Don Cardwell	26	7	Doble	Filadelfia	PIT @ PHI

HIT	LANZADOR	DÍA	ENTRADA	TIPO DE HIT	CIUDAD	EQUIPOS
332	Don Newcombe	28	5	Sencillo	Pittsburgh	BRO @ PIT
333	Sal Maglie	30	8	Doble	Pittsburgh	BRO @ PIT
334	Sandy Koufax	30	3	Sencillo	Pittsburgh	BRO @ PIT
335	Joe Margoneri	31	4	Sencillo	Pittsburgh	NYG @ PIT
			JUNIO			
336	Curt Barclay	2	4	Sencillo	Pittsburgh	NYG @ PIT
337	Willard Schmidt	4	1	Sencillo	Pittsburgh	STL @ PIT
338	Willard Schmidt	4	3	Sencillo	Pittsburgh	STL @ PIT
339	Lindy McDaniel	5	7	Sencillo	Pittsburgh	STL @ PIT
340	Warren Spahn	7	3	Sencillo	Pittsburgh	MLN @ PIT
341	Warren Spahn	7	8	Sencillo	Pittsburgh	MLN @ PIT
342	Bob Trowbridge	9	10	Sencillo	Pittsburgh	MLN @ PIT
343	Tom Acker	12	9	Sencillo	Pittsburgh	CIN @ PIT
344	Moe Drabowsky	15	1	Sencillo	Pittsburgh	CHC @ PIT
345	Don Kaiser	16	3	Sencillo	Pittsburgh	CHC @ PIT
346	Don Kaiser	16	5	Sencillo	Pittsburgh	CHC @ PIT
347	Don Kaiser	16	8	Doble	Pittsburgh	CHC @ PIT
348	Bob Rush	16	1	Sencillo	Pittsburgh	CHC @ PIT
349	Bob Trowbridge	17	7	Doble	Milwaukee	PIT @ MLN
350	Don Gross	22	5	Sencillo	Cincinnati	PIT @ CIN
351	Don Gross	22	7	HR	Cincinnati	PIT @ CIN
352	Hal Jeffcoat	23	3	Doble	Cincinnati	PIT @ CIN

HIT	LANZADOR	DÍA	ENTRADA	TIPO DE HIT	CIUDAD	EQUIPOS
			JULIO			
353	Lindy McDaniel	21	4	Sencillo	Pittsburgh	STL @ PIT
354	Lindy McDaniel	21	9	Sencillo	Pittsburgh	STL @ PIT
355	Tom Acker	23	6	Sencillo	Cincinnati	PIT @ CIN
356	Bob Buhl	31	2	Doble	Milwaukee	PIT @ MLN
357	Bob Buhl	31	7	Sencillo	Milwaukee	PIT @ MLN
			AGOSTO			
358	Don Elston	4	6	Sencillo	Chicago	PIT @ CHC
359	Don Elston	4	7	Sencillo	Chicago	PIT @ CHC
360	Jack Sanford	6	3	Sencillo	Pittsburgh	PHI @ PIT
361	Curt Simmons	8	1	Sencillo	Pittsburgh	PHI @ PIT
362	Curt Simmons	8	8	Sencillo	Pittsburgh	PHI @ PIT
363	Danny McDevitt	9	1	Sencillo	Pittsburgh	BRO @ PIT
364	Don Drysdale	10	8	Sencillo	Pittsburgh	BRO @ PIT
365	Don Newcombe	11	1	Triple	Pittsburgh	BRO @ PIT
366	Turk Farrell	13	7	Sencillo	Filadelfia	PIT @ PHI
367	Curt Simmons	14	2	Doble	Filadelfia	PIT @ PHI
368	Jack Meyer	14	4	Sencillo	Filadelfia	PIT @ PHI
369	Turk Farrell	14	9	Sencillo	Filadelfia	PIT @ PHI
370	Johnny Podres	16	8	Sencillo	Jersey City	PIT @ BRO
371	Sandy Koufax	17	5	Sencillo	Brooklyn	PIT @ BRO
372	Don Drysdale	17	7	Doble	Brooklyn	PIT @ BRO
373	Sal Maglie	18	4	Doble	Brooklyn	PIT @ BRO

HIT	LANZADOR	DÍA	ENTRADA	TIPO DE HIT	CIUDAD	EQUIPOS
374	Roger Craig	18	3	Doble	Brooklyn	PIT @ BRO
375	Warren Spahn	20	1	Sencillo	Pittsburgh	MLN @ PIT
376	Warren Spahn	20	3	Sencillo	Pittsburgh	MLN @ PIT
377	Warren Spahn	20	8	Triple	Pittsburgh	MLN @ PIT
378	Moe Drabowsky	25	5	Sencillo	Pittsburgh	CHC @ PIT
379	Don Elston	25	1	Sencillo	Pittsburgh	CHC @ PIT
380	Von McDaniel	27	7	Sencillo	Pittsburgh	STL @ PIT
381	Jack Sanford	30	3	Triple	Filadelfia	PIT @ PHI
382	Jack Sanford	30	9	Sencillo	Filadelfia	PIT @ PHI
383	Don Cardwell	31	1	Sencillo	Filadelfia	PIT @ PHI
384	Don Cardwell	31	6	Sencillo	Filadelfia	PIT @ PHI
SEPTIEMBRE						
385	Robin Roberts	1	4	Sencillo	Filadelfia	PIT @ PHI
386	Johnny Antonelli	2	5	Sencillo	Nueva York	PIT @ NYG
387	Al Worthington	5	3	Sencillo	Pittsburgh	NYG @ PIT
388	Ramón Monzant	5	5	Sencillo	Pittsburgh	NYG @ PIT
389	Jack Sanford	7	3	Sencillo	Pittsburgh	PHI @ PIT
390	Tom Qualters	7	7	Sencillo	Pittsburgh	PHI @ PIT
391	Don Cardwell	8	5	Sencillo	Pittsburgh	PHI @ PIT
392	Don Cardwell	8	7	Sencillo	Pittsburgh	PHI @ PIT
393	Lew Burdette	10	2	Sencillo	Milwaukee	PIT @ MLN
394	Lew Burdette	10	5	Sencillo	Milwaukee	PIT @ MLN
395	Bill Kennedy	17	8	Sencillo	Cincinnati	PIT @ CIN

HIT	LANZADOR	DÍA	ENTRADA	TIPO DE HIT	CIUDAD	EQUIPOS
396	Brooks Lawrence	18	2	Sencillo	Cincinnati	PIT @ CIN
397	Mike McCormick	21	2	Triple	Pittsburgh	NYG @ PIT
398	Al Worthington	21	5	Sencillo	Pittsburgh	NYG @ PIT
399	Rubén Gómez	21	6	Sencillo	Pittsburgh	NYG @ PIT
400	Jim Constable	22	8	Sencillo	Pittsburgh	NYG @ PIT
401	Danny McDevitt	24	5	Sencillo	Brooklyn	PIT @ BRO
402	Johnny Antonelli	29	2	Doble	Nueva York	PIT @ NYG
403	Curt Barclay	29	4	Sencillo	Nueva York	PIT @ NYG
404	Curt Barclay	29	6	Sencillo	Nueva York	PIT @ NYG

RESUMEN · TEMPORADA 1957

11 de mayo	Clemente conectó un jonrón dentro del parque como primer bate iniciando un juego.
16 de mayo	Clemente se convirtió en el primer puertorriqueño en conectarle un jonrón a un lanzador puertorriqueño. (Juan Pizarro)
3 de junio	Por primera vez, tres puertorriqueños se desempeñaron simultáneamente como lanzador, receptor y bateador en un juego de Grandes Ligas: Rubén Gómez (lanzador) Valmy Thomas (receptor) Roberto Clemente (bateador)

Clemente conectó hit en ambos partidos de un doble juego los siguientes días: 12, 19, 26 y 30 de mayo, 16 de junio, 18 y 25 de agosto y 21 de septiembre.

Roberto Clemente durante un reconocimiento en el Estadio Hiram Bithorn. (1964)

Clemente de camino a realizar el disparo de honor en la Medio Maratón de San Blás de Coamo. (1970)

TEMPORADA DE 1958

HIT	LANZADOR	DÍA	ENTRADA	TIPO DE HIT	CIUDAD	EQUIPOS
			ABRIL			
405	Warren Spahn	15	2	Doble	Milwaukee	PIT @ MLN
406	Warren Spahn	15	4	Sencillo	Milwaukee	PIT @ MLN
407	Warren Spahn	15	8	Sencillo	Milwaukee	PIT @ MLN
408	Lew Burdette	17	2	Sencillo	Milwaukee	PIT @ MLN
409	Lew Burdette	17	5	Triple	Milwaukee	PIT @ MLN
410	Joe Nuxhall	20	8	Sencillo	Pittsburgh	CIN @ PIT
411	Bob Buhl	22	2	Sencillo	Pittsburgh	MLN @ PIT
412	Bob Buhl	22	6	Sencillo	Pittsburgh	MLN @ PIT
413	Jack Sanford	23	9	Sencillo	Filadelfia	PIT @ PHI
414	Curt Simmons	24	2	Sencillo	Filadelfia	PIT @ PHI
415	Bob Miller	24	5	Sencillo	Filadelfia	PIT @ PHI
416	Harvey Haddix	25	4	Sencillo	Cincinnati	PIT @ CIN
417	Harvey Haddix	25	6	Doble	Cincinnati	PIT @ CIN
418	Harvey Haddix	25	7	HR	Cincinnati	PIT @ CIN
419	Tom Acker	26	2	Doble	Cincinnati	PIT @ CIN
420	Tom Acker	26	3	Sencillo	Cincinnati	PIT @ CIN
421	Charlie Rabe	26	5	Sencillo	Cincinnati	PIT @ CIN
422	Carl Erskine	29	2	Sencillo	Los Ángeles	PIT @ LAD
423	Carl Erskine	29	8	Sencillo	Los Ángeles	PIT @ LAD
424	Don Drysdale	30	2	Sencillo	Los Ángeles	PIT @ LAD

HIT	LANZADOR	DÍA	ENTRADA	TIPO DE HIT	CIUDAD	EQUIPOS
			MAYO			
425	Don Drysdale	3	9	Sencillo	Los Ángeles	PIT @ LAD
426	Ray Crone	4	4	Sencillo	San Francisco	PIT @ SFG
427	Rubén Gómez	5	2	Sencillo	San Francisco	PIT @ SFG
428	Rubén Gómez	5	6	Doble	San Francisco	PIT @ SFG
429	Mike McCormick	6	5	Sencillo	San Francisco	PIT @ SFG
430	Curt Barclay	7	2	Sencillo	San Francisco	PIT @ SFG
431	Al Worthington	7	8	Sencillo	San Francisco	PIT @ SFG
432	Seth Morehead	10	3	Sencillo	Pittsburgh	PHI @ PIT
433	Bob Miller	10	5	Sencillo	Pittsburgh	PHI @ PIT
434	Jack Sanford	11	1	Doble	Pittsburgh	PHI @ PIT
435	Jim Hearn	11	2	Triple	Pittsburgh	PHI @ PIT
436	Curt Simmons	11	5	Doble	Pittsburgh	PHI @ PIT
437	Bob Purkey	14	3	Sencillo	Pittsburgh	CIN @ PIT
438	Charlie Rabe	14	5	Sencillo	Pittsburgh	CIN @ PIT
439	Harvey Haddix	15	2	Sencillo	Pittsburgh	CIN @ PIT
440	Harvey Haddix	15	4	Sencillo	Pittsburgh	CIN @ PIT
441	Curt Simmons	16	7	Sencillo	Filadelfia	PIT @ PHI
442	Taylor Phillips	21	8	Sencillo	Pittsburgh	CHC @ PIT
443	Rubén Gómez	25	2	Sencillo	Pittsburgh	SFG @ PIT
444	Ramón Monzant	25	2	Triple	Pittsburgh	SFG @ PIT
445	Ramón Monzant	25	7	Sencillo	Pittsburgh	SFG @ PIT
446	Ed Roebuck	27	5	Sencillo	Pittsburgh	LAD @ PIT
447	Sandy Koufax	28	2	Doble	Pittsburgh	LAD @ PIT

HIT	LANZADOR	DÍA	ENTRADA	TIPO DE HIT	CIUDAD	EQUIPOS
448	Humberto Robinson	30	7	Sencillo	Pittsburgh	MLN @ PIT
449	Don McMahon	30	8	Sencillo	Pittsburgh	MLN @ PIT
450	Warren Spahn	31	4	Doble	Pittsburgh	MLN @ PIT
		JUNIO				
451	Ernie Johnson	1	7	Sencillo	Pittsburgh	MLN @ PIT
452	Vinegar Bend Mizell	5	8	Sencillo	San Luis	PIT @ STL
453	Taylor Phillips	7	7	Sencillo	Chicago	PIT @ CHC
454	Don Elston	7	9	Sencillo	Chicago	PIT @ CHC
455	Ramón Monzant	10	2	Doble	San Francisco	PIT @ SFG
456	Rubén Gómez	11	1	Sencillo	San Francisco	PIT @ SFG
457	Ray Crone	11	2	Sencillo	San Francisco	PIT @ SFG
458	Mike McCormick	11	6	Sencillo	San Francisco	PIT @ SFG
459	Johnny Podres	14	2	Sencillo	Los Ángeles	PIT @ LAD
460	Don Newcombe	15	2	Sencillo	Los Ángeles	PIT @ LAD
461	Stan Williams	15	5	Sencillo	Los Ángeles	PIT @ LAD
462	Ed Roebuck	15	8	Sencillo	Los Ángeles	PIT @ LAD
463	Stu Miller	19	8	Sencillo	Pittsburgh	SFG @ PIT
464	Sandy Koufax	22	9	Sencillo	Pittsburgh	LAD @ PIT
465	Jim Brosnan	23	2	Sencillo	Pittsburgh	STL @ PIT
466	Jim Brosnan	23	8	Sencillo	Pittsburgh	STL @ PIT
467	Moe Drabowsky	27	9	Sencillo	Pittsburgh	CHC @ PIT
468	Dave Hillman	28	8	Sencillo	Pittsburgh	CHC @ PIT
469	Glen Hobbie	29	8	Sencillo	Pittsburgh	CHC @ PIT

HIT	LANZADOR	DÍA	ENTRADA	TIPO DE HIT	CIUDAD	EQUIPOS
			JULIO			
470	Ray Semproch	1	4	Sencillo	Pittsburgh	PHI @ PIT
471	Alex Kellner	4	6	Doble	Cincinnati	PIT @ CIN
472	Glen Hobbie	10	9	Sencillo	Chicago	PIT @ CHC
473	Don Drysdale	15	4	Sencillo	Los Ángeles	PIT @ LAD
474	Fred Kipp	16	5	Sencillo	Los Ángeles	PIT @ LAD
475	Ed Roebuck	16	6	Sencillo	Los Ángeles	PIT @ LAD
476	Stan Williams	17	4	Doble	Los Ángeles	PIT @ LAD
477	Stan Williams	17	8	HR	Los Ángeles	PIT @ LAD
478	Stu Miller	18	1	Doble	San Francisco	PIT @ SFG
479	Paul Giel	20	1	Sencillo	San Francisco	PIT @ SFG
480	Paul Giel	20	3	Sencillo	San Francisco	PIT @ SFG
481	Stan Williams	23	3	Sencillo	Pittsburgh	LAD @ PIT
482	Johnny Klippstein	23	4	IPHR	Pittsburgh	LAD @ PIT
483	Sandy Koufax	23	1	Doble	Pittsburgh	LAD @ PIT
484	Clem Labine	24	7	Sencillo	Pittsburgh	LAD @ PIT
485	Don Johnson	25	6	Sencillo	Pittsburgh	SFG @ PIT
486	Rubén Gómez	25	8	Triple	Pittsburgh	SFG @ PIT
487	Johnny Antonelli	26	3	Sencillo	Pittsburgh	SFG @ PIT
488	Johnny Antonelli	26	5	Sencillo	Pittsburgh	SFG @ PIT
489	Al Worthington	27	3	Sencillo	Pittsburgh	SFG @ PIT
490	Paul Giel	27	1	Sencillo	Pittsburgh	SFG @ PIT

HIT	LANZADOR	DÍA	ENTRADA	TIPO DE HIT	CIUDAD	EQUIPOS
491	Taylor Phillips	30	3	Sencillo	Pittsburgh	CHC @ PIT
492	Taylor Phillips	30	7	Doble	Pittsburgh	CHC @ PIT
493	Marcelino Solís	31	1	Sencillo	Pittsburgh	CHC @ PIT
AGOSTO						
494	Bob Mabe	1	4	Doble	Pittsburgh	STL @ PIT
495	Bob Mabe	1	6	Sencillo	Pittsburgh	STL @ PIT
496	Bob Mabe	1	8	Sencillo	Pittsburgh	STL @ PIT
497	Sal Maglie	3	4	Sencillo	Pittsburgh	STL @ PIT
498	Vinegar Bend Mizell	3	1	Sencillo	Pittsburgh	STL @ PIT
499	Juan Pizarro	4	1	Sencillo	Milwaukee	PIT @ MLN
500	Juan Pizarro	4	5	Sencillo	Milwaukee	PIT @ MLN
501	Juan Pizarro	4	9	HR	Milwaukee	PIT @ MLN
502	Warren Spahn	7	6	Sencillo	Milwaukee	PIT @ MLN
503	Joe Nuxhall	8	6	Sencillo	Pittsburgh	CIN @ PIT
504	Alex Kellner	9	1	Sencillo	Pittsburgh	CIN @ PIT
505	Harvey Haddix	10	8	Sencillo	Pittsburgh	CIN @ PIT
506	Hal Jeffcoat	10	10	Doble	Pittsburgh	CIN @ PIT
507	Warren Spahn	11	3	Sencillo	Pittsburgh	MLN @ PIT
508	Warren Spahn	11	7	Sencillo	Pittsburgh	MLN @ PIT
509	Bob Trowbridge	12	8	Sencillo	Pittsburgh	MLN @ PIT
510	Jack Meyer	13	1	HR	Filadelfia	PIT @ PHI
511	Jack Meyer	13	2	HR	Filadelfia	PIT @ PHI

HIT	LANZADOR	DÍA	ENTRADA	TIPO DE HIT	CIUDAD	EQUIPOS
512	Brooks Lawrence	16	7	Sencillo	Cincinnati	PIT @ CIN
513	Joe Nuxhall	17	6	Sencillo	Cincinnati	PIT @ CIN
514	Taylor Phillips	19	6	Sencillo	Chicago	PIT @ CHC
515	Dave Hillman	20	4	Doble	Chicago	PIT @ CHC
516	Marcelino Solís	22	3	Sencillo	Chicago	PIT @ CHC
517	Taylor Phillips	23	1	Sencillo	Chicago	PIT @ CHC
518	Taylor Phillips	23	2	Sencillo	Chicago	PIT @ CHC
519	Glen Hobbie	23	5	Sencillo	Chicago	PIT @ CHC
520	Bob Anderson	23	6	Sencillo	Chicago	PIT @ CHC
521	Vinegar Bend Mizell	24	1	Triple	San Luis	PIT @ STL
522	Vinegar Bend Mizell	24	3	Sencillo	San Luis	PIT @ STL
523	Jim Brosnan	24	7	Doble	San Luis	PIT @ STL
524	Larry Jackson	25	3	Sencillo	San Luis	PIT @ STL
525	Larry Jackson	25	8	Sencillo	San Luis	PIT @ STL
526	Sam Jones	26	1	Doble	San Luis	PIT @ STL
527	Billy Muffett	26	4	Doble	San Luis	PIT @ STL
528	Bill Wight	27	4	Doble	San Luis	PIT @ STL
529	Phil Paine	27	7	Sencillo	San Luis	PIT @ STL
530	Carl Willey	31	4	Triple	Milwaukee	PIT @ MLN
531	Carl Willey	31	6	Doble	Milwaukee	PIT @ MLN

HIT	LANZADOR	DÍA	ENTRADA	TIPO DE HIT	CIUDAD	EQUIPOS
		SEPTIEMBRE				
532	Jack Sanford	1	1	Sencillo	Pittsburgh	PHI @ PIT
533	Don Cardwell	2	6	Triple	Pittsburgh	PHI @ PIT
534	Jim Hearn	2	8	Sencillo	Pittsburgh	PHI @ PIT
535	Carl Willey	5	3	Sencillo	Pittsburgh	MLN @ PIT
536	Carl Willey	5	8	Sencillo	Pittsburgh	MLN @ PIT
537	Warren Spahn	7	7	Sencillo	Pittsburgh	MLN @ PIT
538	Lew Burdette	7	6	Sencillo	Pittsburgh	MLN @ PIT
539	Tom Acker	8	4	Triple	Pittsburgh	CIN @ PIT
540	Tom Acker	8	5	Triple	Pittsburgh	CIN @ PIT
541	Willard Schmidt	8	8	Triple	Pittsburgh	CIN @ PIT
542	Ramón Monzant	10	2	Sencillo	Pittsburgh	SFG @ PIT
543	Ramón Monzant	10	8	Sencillo	Pittsburgh	SFG @ PIT
544	Marv Grissom	10	10	Sencillo	Pittsburgh	SFG @ PIT
545	Roger Craig	12	7	Sencillo	Pittsburgh	LAD @ PIT
546	Ralph Mauriello	13	1	Sencillo	Pittsburgh	LAD @ PIT
547	Babe Birrer	13	2	Sencillo	Pittsburgh	LAD @ PIT
548	Bob Anderson	14	1	Sencillo	Pittsburgh	CHC @ PIT
549	Bob Anderson	14	2	Sencillo	Pittsburgh	CHC @ PIT
550	Taylor Phillips	14	2	Sencillo	Pittsburgh	CHC @ PIT
551	Bob Mabe	16	6	Doble	Pittsburgh	STL @ PIT
552	Don Cardwell	19	6	Doble	Filadelfia	PIT @ PHI
553	Robin Roberts	20	1	Sencillo	Filadelfia	PIT @ PHI
554	Robin Roberts	20	7	Sencillo	Filadelfia	PIT @ PHI

RESUMEN · TEMPORADA 1958

29 de abril — Clemente conectó el primer hit de su carrera en el estado de California.

8 de sept — Clemente empató una marca al conectar tres triples en un juego de Grandes Ligas.

Clemente conectó hit en ambos partidos de un doble juego los siguientes días: 11 y 25 de mayo, 23 y 27 de julio, 3 y 24 de agosto, 7 y 14 de septiembre.

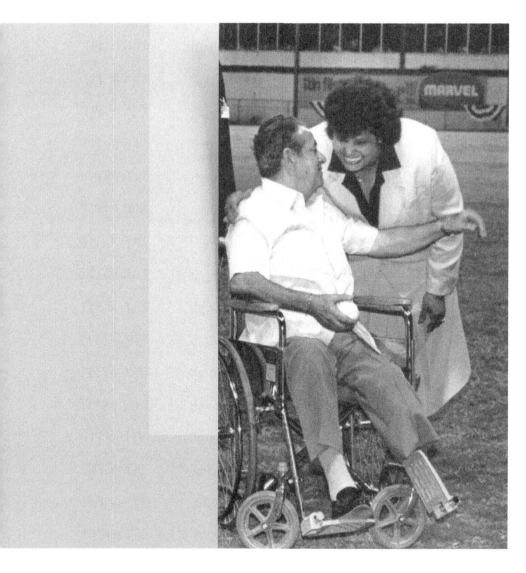

Vera Clemente, esposa de Roberto Clemente junto al Sr. Roberto Marín, la persona que descubrió a Clemente como jugador.

Roberto Clemente recibiendo un reconocimiento y una placa en Atlanta, Georgia. (1972)

Clemente y Ramiro Martínez en la Noche de Roberto Clemente en Pittsburgh, 24 de julio de 1970.

TEMPORADA DE 1959

HIT	LANZADOR	DÍA	ENTRADA	TIPO DE HIT	CIUDAD	EQUIPOS
ABRIL							
555	Bob Purkey	9	3	Sencillo	Cincinnati	PIT @ CIN
556	Warren Spahn	10	1	Sencillo	Pittsburgh	MLN @ PIT
557	Warren Spahn	10	3	Doble	Pittsburgh	MLN @ PIT
558	Lew Burdette	11	7	Sencillo	Pittsburgh	MLN @ PIT
559	Lew Burdette	11	9	Sencillo	Pittsburgh	MLN @ PIT
560	Joe Nuxhall	15	1	Sencillo	Cincinnati	PIT @ CIN
561	Joe Nuxhall	15	3	Sencillo	Cincinnati	PIT @ CIN
562	Bob Rush	17	8	HR	Milwaukee	PIT @ MLN
563	Juan Pizarro	18	5	Sencillo	Milwaukee	PIT @ MLN
564	Brooks Lawrence	23	9	Sencillo	Pittsburgh	CIN @ PIT
565	Al Schroll	24	7	Sencillo	Filadelfia	PIT @ PHI
566	Al Schroll	24	9	Sencillo	Filadelfia	PIT @ PHI
567	Seth Morehead	25	3	Sencillo	Filadelfia	PIT @ PHI
568	Chris Short	26	3	Sencillo	Filadelfia	PIT @ PHI
569	Don Drysdale	27	1	Sencillo	Pittsburgh	LAD @ PIT
570	Don Drysdale	27	6	Sencillo	Pittsburgh	LAD @ PIT
571	Johnny Antonelli	29	7	Triple	Pittsburgh	SFG @ PIT

HIT	LANZADOR	DÍA	ENTRADA	TIPO DE HIT	CIUDAD	EQUIPOS
			MAYO			
572	Lindy McDaniel	2	3	Doble	Pittsburgh	STL @ PIT
573	Lindy McDaniel	2	8	Doble	Pittsburgh	STL @ PIT
574	Howie Nunn	2	9	Sencillo	Pittsburgh	STL @ PIT
575	Larry Jackson	3	1	Sencillo	Pittsburgh	STL @ PIT
576	Bob Anderson	4	1	Sencillo	Pittsburgh	CHC @ PIT
577	Bob Anderson	4	8	Sencillo	Pittsburgh	CHC @ PIT
578	Glen Hobbie	5	5	Sencillo	Pittsburgh	CHC @ PIT
579	Rubén Gómez	9	1	Triple	Pittsburgh	PHI @ PIT
580	Rubén Gómez	9	7	Triple	Pittsburgh	PHI @ PIT
581	Jack Meyer	9	8	Sencillo	Pittsburgh	PHI @ PIT
582	Johnny Antonelli	12	6	Sencillo	San Francisco	PIT @ SFG
583	Al Worthington	12	8	Sencillo	San Francisco	PIT @ SFG
584	Stu Miller	12	9	Sencillo	San Francisco	PIT @ SFG
585	Joe Shipley	12	12	Sencillo	San Francisco	PIT @ SFG
586	Don Drysdale	13	5	Sencillo	Los Ángeles	PIT @ LAD
587	Johnny Podres	14	4	Sencillo	Los Ángeles	PIT @ LAD
588	Johnny Klippstein	14	6	Sencillo	Los Ángeles	PIT @ LAD
589	Moe Drabowsky	16	3	Doble	Chicago	PIT @ CHC
590	Bob Anderson	17	5	HR	Chicago	PIT @ CHC
591	Bill Henry	17	9	HR	Chicago	PIT @ CHC

HIT	LANZADOR	DÍA	ENTRADA	TIPO DE HIT	CIUDAD	EQUIPOS
			JULIO			
592	Don Elston	9	7	Sencillo	Pittsburgh	CHC @ PIT
593	Bill Henry	9	10	Sencillo	Pittsburgh	CHC @ PIT
594	Don Elston	10	11	Sencillo	Pittsburgh	CHC @ PIT
595	Lindy McDaniel	12	10	Sencillo	Pittsburgh	STL @ PIT
596	Johnny Podres	14	1	Sencillo	Pittsburgh	LAD @ PIT
597	Gene Snyder	14	7	Sencillo	Pittsburgh	LAD @ PIT
598	Sam Jones	17	2	Sencillo	Pittsburgh	SFG @ PIT
599	Sam Jones	17	7	Sencillo	Pittsburgh	SFG @ PIT
600	Eddie Fisher	18	1	Sencillo	Pittsburgh	SFG @ PIT
601	Eddie Fisher	18	2	Sencillo	Pittsburgh	SFG @ PIT
602	Mike McCormick	18	8	Sencillo	Pittsburgh	SFG @ PIT
603	Robin Roberts	21	1	Doble	Pittsburgh	PHI @ PIT
604	Robin Roberts	21	3	Sencillo	Pittsburgh	PHI @ PIT
605	Gene Conley	22	3	Sencillo	Pittsburgh	PHI @ PIT
606	Gene Conley	22	5	Sencillo	Pittsburgh	PHI @ PIT
607	Gene Conley	22	7	Sencillo	Pittsburgh	PHI @ PIT
608	Juan Pizarro	24	3	Doble	Milwaukee	PIT @ MLN
609	Lew Burdette	25	3	Sencillo	Milwaukee	PIT @ MLN
610	Joey Jay	27	3	Doble	Milwaukee	PIT @ MLN
611	Joey Jay	27	6	Sencillo	Milwaukee	PIT @ MLN
612	Stan Williams	28	4	Sencillo	Los Ángeles	PIT @ LAD

HIT	LANZADOR	DÍA	ENTRADA	TIPO DE HIT	CIUDAD	EQUIPOS
613	Stan Williams	28	6	Sencillo	Los Ángeles	PIT @ LAD
614	Stan Williams	28	8	Doble	Los Ángeles	PIT @ LAD
615	Roger Craig	29	4	Sencillo	Los Ángeles	PIT @ LAD
616	Roger Craig	29	7	Sencillo	Los Ángeles	PIT @ LAD
617	Johnny Podres	30	1	Sencillo	Los Ángeles	PIT @ LAD
618	Jack Sanford	31	6	Sencillo	San Francisco	PIT @ SFG
619	Jack Sanford	31	8	Sencillo	San Francisco	PIT @ SFG
			AGOSTO			
620	Lindy McDaniel	4	9	Triple	San Luis	PIT @ STL
621	Larry Jackson	6	5	Sencillo	San Luis	PIT @ STL
622	Jack Urban	6	9	Sencillo	San Luis	PIT @ STL
623	Bob Anderson	8	4	Doble	Chicago	PIT @ CHC
624	Bob Anderson	8	6	Sencillo	Chicago	PIT @ CHC
625	Glen Hobbie	8	12	Sencillo	Chicago	PIT @ CHC
626	Dave Hillman	9	9	Sencillo	Chicago	PIT @ CHC
627	Glen Hobbie	9	10	Sencillo	Chicago	PIT @ CHC
628	Don Cardwell	11	6	Sencillo	Filadelfia	PIT @ PHI
629	Robin Roberts	12	1	Sencillo	Filadelfia	PIT @ PHI
630	Robin Roberts	12	6	Doble	Filadelfia	PIT @ PHI
631	Robin Roberts	12	7	Triple	Filadelfia	PIT @ PHI
632	Joey Jay	14	1	Sencillo	Pittsburgh	MLN @ PIT
633	Lew Burdette	15	1	Doble	Pittsburgh	MLN @ PIT
634	Lew Burdette	15	2	Sencillo	Pittsburgh	MLN @ PIT

HIT	LANZADOR	DÍA	ENTRADA	TIPO DE HIT	CIUDAD	EQUIPOS
635	Bob Trowbridge	15	5	Sencillo	Pittsburgh	MLN @ PIT
636	Bob Trowbridge	15	6	Sencillo	Pittsburgh	MLN @ PIT
637	Lew Burdette	16	8	Sencillo	Pittsburgh	MLN @ PIT
638	Warren Spahn	16	6	Sencillo	Pittsburgh	MLN @ PIT
639	Dave Hillman	17	5	Sencillo	Pittsburgh	CHC @ PIT
640	Bill Henry	17	7	Sencillo	Pittsburgh	CHC @ PIT
641	Bob Gibson	19	6	Sencillo	Pittsburgh	STL @ PIT
642	Bob Gibson	19	7	Sencillo	Pittsburgh	STL @ PIT
643	Ernie Broglio	20	4	Sencillo	Pittsburgh	STL @ PIT
644	Ernie Broglio	20	5	Sencillo	Pittsburgh	STL @ PIT
645	Stan Williams	21	7	Sencillo	Pittsburgh	LAD @ PIT
646	Don Drysdale	23	1	Sencillo	Pittsburgh	LAD @ PIT
647	Don Drysdale	23	3	Sencillo	Pittsburgh	LAD @ PIT
648	Larry Sherry	23	1	Sencillo	Pittsburgh	LAD @ PIT
649	Larry Sherry	23	3	Sencillo	Pittsburgh	LAD @ PIT
650	Larry Sherry	23	8	Doble	Pittsburgh	LAD @ PIT
651	Sam Jones	24	1	Sencillo	Pittsburgh	SFG @ PIT
652	Johnny Antonelli	25	4	Doble	Pittsburgh	SFG @ PIT
653	Johnny Antonelli	25	8	Sencillo	Pittsburgh	SFG @ PIT
654	Jack Sanford	26	9	Doble	Pittsburgh	SFG @ PIT
655	Ed Keegan	28	4	IPHR	Pittsburgh	PHI @ PIT
656	Ray Semproch	30	6	Sencillo	Pittsburgh	PHI @ PIT
657	Ray Semproch	30	8	Sencillo	Pittsburgh	PHI @ PIT

HIT	LANZADOR	DÍA	ENTRADA	TIPO DE HIT	CIUDAD	EQUIPOS
			SEPTIEMBRE			
658	Jim O´Toole	2	1	Triple	Cincinnati	PIT @ CIN
659	Don Newcombe	2	8	Sencillo	Cincinnati	PIT @ CIN
660	Don Cardwell	5	8	Sencillo	Filadelfia	PIT @ PHI
661	Jack Sanford	9	4	Sencillo	San Francisco	PIT @ SFG
662	Johnny Antonelli	10	1	Sencillo	San Francisco	PIT @ SFG
663	Johnny Antonelli	10	7	Sencillo	San Francisco	PIT @ SFG
664	Johnny Podres	13	1	Sencillo	Los Ángeles	PIT @ LAD
665	Chuck Churn	13	5	Sencillo	Los Ángeles	PIT @ LAD
666	Bob Anderson	16	1	Doble	Chicago	PIT @ CHC
667	Bob Anderson	16	3	Sencillo	Chicago	PIT @ CHC
668	Ben Johnson	16	1	Sencillo	Chicago	PIT @ CHC
669	Ben Johnson	16	4	Sencillo	Chicago	PIT @ CHC
670	Ben Johnson	16	6	Doble	Chicago	PIT @ CHC
671	Larry Jackson	17	6	Sencillo	San Luis	PIT @ STL
672	Claude Osteen	20	2	Sencillo	Pittsburgh	CIN @ PIT
673	Claude Osteen	20	3	Sencillo	Pittsburgh	CIN @ PIT
674	Jim Bailey	20	5	Sencillo	Pittsburgh	CIN @ PIT
675	Warren Spahn	21	4	Sencillo	Pittsburgh	MLN @ PIT
676	Don McMahon	21	9	Sencillo	Pittsburgh	MLN @ PIT
677	Bob Buhl	23	1	Sencillo	Pittsburgh	MLN @ PIT
678	Bob Rush	23	7	Sencillo	Pittsburgh	MLN @ PIT
679	Jim O´Toole	26	3	Doble	Cincinnati	PIT @ CIN

HIT	LANZADOR	DÍA	ENTRADA	TIPO DE HIT	CIUDAD	EQUIPOS
680	Willard Schmidt	26	5	Sencillo	Cincinnati	PIT @ CIN
681	Jay Hook	27	3	Sencillo	Cincinnati	PIT @ CIN
682	Jay Hook	27	5	Triple	Cincinnati	PIT @ CIN

RESUMEN · TEMPORADA 1959

17 de mayo   Clemente se convirtió en el primer puertorriqueño en conectar un jonrón en ambos juegos de un doble partido.

17 de mayo   **Clemente conectó el jonrón más largo de su carrera.** El batazo fue estimado en 510 pies.

Clemente conectó hit en ambos partidos de un doble juego los siguientes días: 17 de mayo, 16 y 23 de agosto, 2 y 16 de septiembre.

2

CLEMENTE
LA MÁQUINA DE HITS

Clemente durante una clínica de béisbol. (1972)

TEMPORADA DE 1960

HIT	LANZADOR	DÍA	ENTRADA	TIPO DE HIT	CIUDAD	EQUIPOS
ABRIL						
683	Warren Spahn	12	4	Sencillo	Milwaukee	PIT @ MLN
684	Don McMahon	12	8	Sencillo	Milwaukee	PIT @ MLN
685	Cal McLish	14	2	Doble	Pittsburgh	CIN @ PIT
686	Cal McLish	14	3	Doble	Pittsburgh	CIN @ PIT
687	Raúl Sánchez	14	6	Sencillo	Pittsburgh	CIN @ PIT
688	Joe Nuxhall	17	1	HR	Pittsburgh	CIN @ PIT
689	Claude Osteen	17	8	Triple	Pittsburgh	CIN @ PIT
690	Jim Owens	19	6	Sencillo	Pittsburgh	PHI @ PIT
691	Curt Simmons	21	1	Sencillo	Pittsburgh	PHI @ PIT
692	Humberto Robinson	21	4	Sencillo	Pittsburgh	PHI @ PIT
693	Hank Mason	21	5	Sencillo	Pittsburgh	PHI @ PIT
694	Juan Pizarro	22	1	Sencillo	Pittsburgh	MLN @ PIT
695	Joey Jay	22	4	HR	Pittsburgh	MLN @ PIT
696	Lew Burdette	23	3	Sencillo	Pittsburgh	MLN @ PIT
697	Bob Buhl	24	4	Sencillo	Pittsburgh	MLN @ PIT
698	Bob Buhl	24	6	Sencillo	Pittsburgh	MLN @ PIT
699	Bob Giggie	24	8	Sencillo	Pittsburgh	MLN @ PIT
700	Jack Meyer	27	4	Sencillo	Filadelfia	PIT @ PHI
701	Humberto Robinson	27	9	Sencillo	Filadelfia	PIT @ PHI
702	John Buzhardt	28	2	Sencillo	Filadelfia	PIT @ PHI

HIT	LANZADOR	DÍA	ENTRADA	TIPO DE HIT	CIUDAD	EQUIPOS
703	John Buzhardt	28	5	Sencillo	Filadelfia	PIT @ PHI
704	Jim Brosnan	30	2	HR	Cincinnati	PIT @ CIN
MAYO						
705	Don Newcombe	1	1	HR	Cincinnati	PIT @ CIN
706	Dick Ellsworth	4	6	Doble	Chicago	PIT @ CHC
707	Seth Morehead	5	3	Triple	Chicago	PIT @ CHC
708	Seth Morehead	5	5	Sencillo	Chicago	PIT @ CHC
709	Seth Morehead	5	7	HR	Chicago	PIT @ CHC
710	Sam Jones	6	7	HR	San Francisco	PIT @ SFG
711	Billy O'Dell	7	5	Sencillo	San Francisco	PIT @ SFG
712	Bud Byerly	7	7	Sencillo	San Francisco	PIT @ SFG
713	Mike McCormick	8	7	Sencillo	San Francisco	PIT @ SFG
714	Don Drysdale	9	5	Sencillo	Los Ángeles	PIT @ LAD
715	Don Drysdale	9	8	Sencillo	Los Ángeles	PIT @ LAD
716	Johnny Podres	10	1	Sencillo	Los Ángeles	PIT @ LAD
717	Johnny Podres	10	8	Sencillo	Los Ángeles	PIT @ LAD
718	Sandy Koufax	11	6	Sencillo	Los Ángeles	PIT @ LAD
719	Larry Sherry	11	9	Sencillo	Los Ángeles	PIT @ LAD
720	Carl Willey	13	2	Doble	Milwaukee	PIT @ MLN
721	Lew Burdette	14	3	Sencillo	Milwaukee	PIT @ MLN
722	Don McMahon	14	11	Triple	Milwaukee	PIT @ MLN
723	Warren Spahn	15	2	Sencillo	Milwaukee	PIT @ MLN
724	Warren Spahn	15	7	Sencillo	Milwaukee	PIT @ MLN

HIT	LANZADOR	DÍA	ENTRADA	TIPO DE HIT	CIUDAD	EQUIPOS
725	Juan Pizarro	15	1	Sencillo	Milwaukee	PIT @ MLN
726	Ron Kline	18	6	Sencillo	Pittsburgh	STL @ PIT
727	Ray Sadecki	19	1	Sencillo	Pittsburgh	STL @ PIT
728	Ray Sadecki	19	3	Sencillo	Pittsburgh	STL @ PIT
729	Bob Duliba	19	6	Doble	Pittsburgh	STL @ PIT
730	Marshall Bridges	19	8	Doble	Pittsburgh	STL @ PIT
731	Sam Jones	20	4	Sencillo	Pittsburgh	SFG @ PIT
732	Sam Jones	20	7	Sencillo	Pittsburgh	SFG @ PIT
733	Billy Loes	20	12	Sencillo	Pittsburgh	SFG @ PIT
734	Johnny Antonelli	21	4	Sencillo	Pittsburgh	SFG @ PIT
735	Jack Sanford	22	4	Sencillo	Pittsburgh	SFG @ PIT
736	Bud Byerly	22	9	Sencillo	Pittsburgh	SFG @ PIT
737	Mike McCormick	22	11	Doble	Pittsburgh	SFG @ PIT
738	Johnny Podres	24	5	Doble	Pittsburgh	LAD @ PIT
739	Johnny Podres	24	7	Triple	Pittsburgh	LAD @ PIT
740	Don Drysdale	25	9	Sencillo	Pittsburgh	LAD @ PIT
741	Joey Jay	30	6	Doble	Pittsburgh	MLN @ PIT
742	Jim O´Toole	31	1	Doble	Pittsburgh	CIN @ PIT
743	Jay Hook	31	11	Sencillo	Pittsburgh	CIN @ PIT
			JUNIO			
744	Bob Purkey	1	3	Doble	Pittsburgh	CIN @ PIT
745	John Buzhardt	3	3	Sencillo	Filadelfia	PIT @ PHI
746	Gene Conley	5	4	Sencillo	Filadelfia	PIT @ PHI

HIT	LANZADOR	DÍA	ENTRADA	TIPO DE HIT	CIUDAD	EQUIPOS
747	Gene Conley	5	6	Doble	Filadelfia	PIT @ PHI
748	Gene Conley	5	8	Sencillo	Filadelfia	PIT @ PHI
749	Jim Owens	5	4	Sencillo	Filadelfia	PIT @ PHI
750	Jim Owens	5	8	Sencillo	Filadelfia	PIT @ PHI
751	Dick Ellsworth	7	8	Sencillo	Chicago	PIT @ CHC
752	Bob Anderson	8	3	Sencillo	Chicago	PIT @ CHC
753	Seth Morehead	9	6	Sencillo	Chicago	PIT @ CHC
754	Marshall Bridges	11	7	Sencillo	San Luis	PIT @ STL
755	Cal Browning	12	2	Sencillo	San Luis	PIT @ STL
756	Curt Simmons	12	7	Sencillo	San Luis	PIT @ STL
757	Johnny Antonelli	14	8	Sencillo	San Francisco	PIT @ SFG
758	Billy O´Dell	15	3	Doble	San Francisco	PIT @ SFG
759	Jack Sanford	16	4	Sencillo	San Francisco	PIT @ SFG
760	Stan Williams	17	1	Sencillo	Los Ángeles	PIT @ LAD
761	Larry Sherry	18	10	Sencillo	Los Ángeles	PIT @ LAD
762	Sandy Koufax	19	5	Sencillo	Los Ángeles	PIT @ LAD
763	Larry Jackson	22	7	Doble	Pittsburgh	STL @ PIT
764	Ron Kline	23	4	Sencillo	Pittsburgh	STL @ PIT
765	Dick Ellsworth	24	3	Sencillo	Pittsburgh	CHC @ PIT
766	Dick Ellsworth	24	5	Sencillo	Pittsburgh	CHC @ PIT
767	Joe Schaffernoth	24	7	Sencillo	Pittsburgh	CHC @ PIT
768	Moe Drabowsky	25	1	Sencillo	Pittsburgh	CHC @ PIT
769	Sam Jones	28	3	Sencillo	Pittsburgh	SFG @ PIT

HIT	LANZADOR	DÍA	ENTRADA	TIPO DE HIT	CIUDAD	EQUIPOS
725	Juan Pizarro	15	1	Sencillo	Milwaukee	PIT @ MLN
726	Ron Kline	18	6	Sencillo	Pittsburgh	STL @ PIT
727	Ray Sadecki	19	1	Sencillo	Pittsburgh	STL @ PIT
728	Ray Sadecki	19	3	Sencillo	Pittsburgh	STL @ PIT
729	Bob Duliba	19	6	Doble	Pittsburgh	STL @ PIT
730	Marshall Bridges	19	8	Doble	Pittsburgh	STL @ PIT
731	Sam Jones	20	4	Sencillo	Pittsburgh	SFG @ PIT
732	Sam Jones	20	7	Sencillo	Pittsburgh	SFG @ PIT
733	Billy Loes	20	12	Sencillo	Pittsburgh	SFG @ PIT
734	Johnny Antonelli	21	4	Sencillo	Pittsburgh	SFG @ PIT
735	Jack Sanford	22	4	Sencillo	Pittsburgh	SFG @ PIT
736	Bud Byerly	22	9	Sencillo	Pittsburgh	SFG @ PIT
737	Mike McCormick	22	11	Doble	Pittsburgh	SFG @ PIT
738	Johnny Podres	24	5	Doble	Pittsburgh	LAD @ PIT
739	Johnny Podres	24	7	Triple	Pittsburgh	LAD @ PIT
740	Don Drysdale	25	9	Sencillo	Pittsburgh	LAD @ PIT
741	Joey Jay	30	6	Doble	Pittsburgh	MLN @ PIT
742	Jim O´Toole	31	1	Doble	Pittsburgh	CIN @ PIT
743	Jay Hook	31	11	Sencillo	Pittsburgh	CIN @ PIT

JUNIO

HIT	LANZADOR	DÍA	ENTRADA	TIPO DE HIT	CIUDAD	EQUIPOS
744	Bob Purkey	1	3	Doble	Pittsburgh	CIN @ PIT
745	John Buzhardt	3	3	Sencillo	Filadelfia	PIT @ PHI
746	Gene Conley	5	4	Sencillo	Filadelfia	PIT @ PHI

HIT	LANZADOR	DÍA	ENTRADA	TIPO DE HIT	CIUDAD	EQUIPOS
747	Gene Conley	5	6	Doble	Filadelfia	PIT @ PHI
748	Gene Conley	5	8	Sencillo	Filadelfia	PIT @ PHI
749	Jim Owens	5	4	Sencillo	Filadelfia	PIT @ PHI
750	Jim Owens	5	8	Sencillo	Filadelfia	PIT @ PHI
751	Dick Ellsworth	7	8	Sencillo	Chicago	PIT @ CHC
752	Bob Anderson	8	3	Sencillo	Chicago	PIT @ CHC
753	Seth Morehead	9	6	Sencillo	Chicago	PIT @ CHC
754	Marshall Bridges	11	7	Sencillo	San Luis	PIT @ STL
755	Cal Browning	12	2	Sencillo	San Luis	PIT @ STL
756	Curt Simmons	12	7	Sencillo	San Luis	PIT @ STL
757	Johnny Antonelli	14	8	Sencillo	San Francisco	PIT @ SFG
758	Billy O´Dell	15	3	Doble	San Francisco	PIT @ SFG
759	Jack Sanford	16	4	Sencillo	San Francisco	PIT @ SFG
760	Stan Williams	17	1	Sencillo	Los Ángeles	PIT @ LAD
761	Larry Sherry	18	10	Sencillo	Los Ángeles	PIT @ LAD
762	Sandy Koufax	19	5	Sencillo	Los Ángeles	PIT @ LAD
763	Larry Jackson	22	7	Doble	Pittsburgh	STL @ PIT
764	Ron Kline	23	4	Sencillo	Pittsburgh	STL @ PIT
765	Dick Ellsworth	24	3	Sencillo	Pittsburgh	CHC @ PIT
766	Dick Ellsworth	24	5	Sencillo	Pittsburgh	CHC @ PIT
767	Joe Schaffernoth	24	7	Sencillo	Pittsburgh	CHC @ PIT
768	Moe Drabowsky	25	1	Sencillo	Pittsburgh	CHC @ PIT
769	Sam Jones	28	3	Sencillo	Pittsburgh	SFG @ PIT

HIT	LANZADOR	DÍA	ENTRADA	TIPO DE HIT	CIUDAD	EQUIPOS
770	Stu Miller	28	7	Sencillo	Pittsburgh	SFG @ PIT
771	Jack Sanford	28	9	Sencillo	Pittsburgh	SFG @ PIT
772	Mike McCormick	30	1	Sencillo	Pittsburgh	SFG @ PIT
			JULIO			
773	Johnny Podres	1	1	Sencillo	Pittsburgh	LAD @ PIT
774	Johnny Podres	1	6	Doble	Pittsburgh	LAD @ PIT
775	Larry Sherry	1	10	Sencillo	Pittsburgh	LAD @ PIT
776	Jim O´Toole	7	4	Sencillo	Cincinnati	PIT @ CIN
777	Gene Conley	9	2	Sencillo	Filadelfia	PIT @ PHI
778	Robin Roberts	10	2	Sencillo	Filadelfia	PIT @ PHI
779	Robin Roberts	10	4	Sencillo	Filadelfia	PIT @ PHI
780	Robin Roberts	10	9	Doble	Filadelfia	PIT @ PHI
781	Jim O´Toole	15	1	Sencillo	Pittsburgh	CIN @ PIT
782	Jim O´Toole	15	8	Sencillo	Pittsburgh	CIN @ PIT
783	Jay Hook	16	1	Doble	Pittsburgh	CIN @ PIT
784	Bob Purkey	17	8	Sencillo	Pittsburgh	CIN @ PIT
785	Cal McLish	17	1	Sencillo	Pittsburgh	CIN @ PIT
786	Cal McLish	17	5	Sencillo	Pittsburgh	CIN @ PIT
787	Stan Williams	20	6	Sencillo	Los Ángeles	PIT @ LAD
788	Ed Roebuck	20	10	Sencillo	Los Ángeles	PIT @ LAD
789	Johnny Podres	21	3	Sencillo	Los Ángeles	PIT @ LAD
790	Johnny Antonelli	24	9	Sencillo	San Francisco	PIT @ SFG
791	Larry Jackson	25	2	Sencillo	San Luis	PIT @ STL

HIT	LANZADOR	DÍA	ENTRADA	TIPO DE HIT	CIUDAD	EQUIPOS
792	Ron Kline	25	9	HR	San Luis	PIT @ STL
793	Ray Sadecki	27	4	Sencillo	San Luis	PIT @ STL
794	Ray Sadecki	27	6	Sencillo	San Luis	PIT @ STL
795	Glen Hobbie	30	1	Sencillo	Chicago	PIT @ CHC
796	Don Cardwell	31	2	Sencillo	Chicago	PIT @ CHC
AGOSTO						
797	Larry Sherry	2	8	Sencillo	Pittsburgh	LAD @ PIT
798	Johnny Podres	3	1	Sencillo	Pittsburgh	LAD @ PIT
799	Johnny Podres	3	4	Sencillo	Pittsburgh	LAD @ PIT
800	Larry Sherry	4	8	Sencillo	Pittsburgh	LAD @ PIT
801	Ray Sadecki	13	1	Sencillo	Pittsburgh	STL @ PIT
802	Ray Sadecki	13	3	HR	Pittsburgh	STL @ PIT
803	Ray Sadecki	13	4	Sencillo	Pittsburgh	STL @ PIT
804	Bob Grim	14	6	Sencillo	Pittsburgh	STL @ PIT
805	Jim Owens	16	1	Sencillo	Pittsburgh	PHI @ PIT
806	Al Neiger	16	2	Triple	Pittsburgh	PHI @ PIT
807	Al Neiger	16	6	Sencillo	Pittsburgh	PHI @ PIT
808	Robin Roberts	16	6	Sencillo	Pittsburgh	PHI @ PIT
809	Chris Short	17	8	Sencillo	Pittsburgh	PHI @ PIT
810	Bob Purkey	19	1	Doble	Cincinnati	PIT @ CIN
811	Bob Purkey	19	8	Sencillo	Cincinnati	PIT @ CIN
812	Jim Maloney	20	2	Sencillo	Cincinnati	PIT @ CIN
813	Claude Osteen	20	6	Sencillo	Cincinnati	PIT @ CIN

HIT	LANZADOR	DÍA	ENTRADA	TIPO DE HIT	CIUDAD	EQUIPOS
814	Jay Hook	21	8	HR	Cincinnati	PIT @ CIN
815	Moe Drabowsky	23	9	Triple	Chicago	PIT @ CHC
816	Don Cardwell	24	2	Sencillo	Chicago	PIT @ CHC
817	Don Cardwell	24	5	Sencillo	Chicago	PIT @ CHC
818	Joe Schaffernoth	24	7	Sencillo	Chicago	PIT @ CHC
819	Don Elston	24	9	HR	Chicago	PIT @ CHC
820	Glen Hobbie	25	1	Sencillo	Chicago	PIT @ CHC
821	Curt Simmons	28	5	Sencillo	San Luis	PIT @ STL
822	Curt Simmons	28	7	Doble	San Luis	PIT @ STL
823	Johnny Podres	29	1	Sencillo	Los Ángeles	PIT @ LAD
824	Johnny Podres	29	5	Sencillo	Los Ángeles	PIT @ LAD
825	Sandy Koufax	30	5	HR	Los Ángeles	PIT @ LAD
826	Billy O´Dell	31	1	Sencillo	San Francisco	PIT @ SFG
827	Billy O´Dell	31	5	HR	San Francisco	PIT @ SFG
828	Sherman Jones	31	7	Sencillo	San Francisco	PIT @ SFG
SEPTIEMBRE						
829	Georges Maranda	1	1	HR	San Francisco	PIT @ SFG
830	Georges Maranda	1	8	Sencillo	San Francisco	PIT @ SFG
831	Stu Miller	1	9	Sencillo	San Francisco	PIT @ SFG
832	Art Mahaffey	3	8	Sencillo	Pittsburgh	PHI @ PIT
833	Jim Owens	4	5	Sencillo	Pittsburgh	PHI @ PIT
834	Jim Owens	4	7	HR	Pittsburgh	PHI @ PIT
835	Warren Spahn	5	1	Sencillo	Pittsburgh	MLN @ PIT

HIT	LANZADOR	DÍA	ENTRADA	TIPO DE HIT	CIUDAD	EQUIPOS
836	Lew Burdette	6	2	Sencillo	Pittsburgh	MLN @ PIT
837	Lew Burdette	6	3	Doble	Pittsburgh	MLN @ PIT
838	Warren Spahn	6	8	Doble	Pittsburgh	MLN @ PIT
839	Ernie Broglio	7	4	Sencillo	Pittsburgh	STL @ PIT
840	Mel Wright	9	7	Sencillo	Pittsburgh	CHC @ PIT
841	Jack Sanford	12	1	Sencillo	Pittsburgh	SFG @ PIT
842	Jack Sanford	12	4	Sencillo	Pittsburgh	SFG @ PIT
843	Mike McCormick	13	1	Sencillo	Pittsburgh	SFG @ PIT
844	Mike McCormick	13	7	HR	Pittsburgh	SFG @ PIT
845	Stan Williams	14	6	Sencillo	Pittsburgh	LAD @ PIT
846	Roger Craig	15	3	Sencillo	Pittsburgh	LAD @ PIT
847	Cal McLish	18	5	Sencillo	Cincinnati	PIT @ CIN
848	Robin Roberts	20	6	Sencillo	Filadelfia	PIT @ PHI
849	Jim Owens	20	6	Sencillo	Filadelfia	PIT @ PHI
850	Don Cardwell	22	1	Sencillo	Pittsburgh	CHC @ PIT
851	Bob Anderson	22	3	Sencillo	Pittsburgh	CHC @ PIT
852	Bob Buhl	23	1	Sencillo	Milwaukee	PIT @ MLN
853	Lew Burdette	24	1	Sencillo	Milwaukee	PIT @ MLN
854	Lew Burdette	24	3	HR	Milwaukee	PIT @ MLN
855	Lew Burdette	24	6	Sencillo	Milwaukee	PIT @ MLN
856	Warren Spahn	25	7	Sencillo	Milwaukee	PIT @ MLN
857	Ron Piche	25	9	Sencillo	Milwaukee	PIT @ MLN
858	Bob Purkey	27	1	Sencillo	Pittsburgh	CIN @ PIT

HIT	LANZADOR	DÍA	ENTRADA	TIPO DE HIT	CIUDAD	EQUIPOS
OCTUBRE						
859	Warren Spahn	1	1	Sencillo	Pittsburgh	MLN @ PIT
860	Warren Spahn	1	4	Sencillo	Pittsburgh	MLN @ PIT
861	Lew Burdette	2	1	Doble	Pittsburgh	MLN @ PIT

RESUMEN · TEMPORADA 1960

1 de mayo — Clemente conectó el segundo jonrón con las bases llenas de su carrera.

Clemente se convirtió en el primer latinoamericano en ser seleccionado Jugador del Mes por la revista The Sporting News.

Clemente conectó hit en ambos partidos de un doble juego los siguientes días: 15 de mayo, 5 de junio, 17 de julio, 16 de agosto, 20 y 22 de septiembre.

2 de octubre — Clemente finalizó su segunda temporada con un promedio ofensivo de .300.

13 de octubre — **Clemente ganó su primera Serie Mundial.**

Clemente durante una clínica de béisbol. (1972)

TEMPORADA DE 1961

HIT	LANZADOR	DÍA	ENTRADA	TIPO DE HIT	CIUDAD	EQUIPOS
ABRIL						
862	Sam Jones	11	4	Sencillo	San Francisco	PIT @ SFG
863	Billy Loes	12	4	Sencillo	San Francisco	PIT @ SFG
864	Billy Loes	12	6	Sencillo	San Francisco	PIT @ SFG
865	Billy Loes	12	8	Sencillo	San Francisco	PIT @ SFG
866	Sandy Koufax	14	3	Sencillo	Los Ángeles	PIT @ LAD
867	Jim Golden	14	7	Sencillo	Los Ángeles	PIT @ LAD
868	Don Drysdale	15	2	Sencillo	Los Ángeles	PIT @ LAD
869	Don Drysdale	15	4	Sencillo	Los Ángeles	PIT @ LAD
870	Dick Ellsworth	18	5	Doble	Pittsburgh	CHC @ PIT
871	Mel Wright	18	7	Sencillo	Pittsburgh	CHC @ PIT
872	Bob Anderson	19	4	Doble	Pittsburgh	CHC @ PIT
873	Bob Anderson	19	6	Sencillo	Pittsburgh	CHC @ PIT
874	Glen Hobbie	20	7	Sencillo	Pittsburgh	CHC @ PIT
875	Warren Spahn	23	4	Sencillo	Pittsburgh	MLN @ PIT
876	Warren Spahn	23	8	Sencillo	Pittsburgh	MLN @ PIT
877	Bob Buhl	24	4	Sencillo	Pittsburgh	MLN @ PIT
878	Don McMahon	24	7	Sencillo	Pittsburgh	MLN @ PIT
879	John Buzhardt	26	8	Sencillo	Pittsburgh	PHI @ PIT
880	Joey Jay	29	3	Doble	Cincinnati	PIT @ CIN
881	Jay Hook	30	4	HR	Cincinnati	PIT @ CIN

HIT	LANZADOR	DÍA	ENTRADA	TIPO DE HIT	CIUDAD	EQUIPOS
			MAYO			
882	Ernie Broglio	2	3	Sencillo	San Luis	PIT @ STL
883	Ernie Broglio	2	7	Doble	San Luis	PIT @ STL
884	Bobby Tiefenauer	2	9	Sencillo	San Luis	PIT @ STL
885	Lindy McDaniel	3	8	Sencillo	San Luis	PIT @ STL
886	Johnny Podres	5	6	Sencillo	Pittsburgh	LAD @ PIT
887	Roger Craig	6	1	Sencillo	Pittsburgh	LAD @ PIT
888	Ron Perranoski	6	3	Sencillo	Pittsburgh	LAD @ PIT
889	Ron Perranoski	6	4	Sencillo	Pittsburgh	LAD @ PIT
890	Jim Golden	6	8	Triple	Pittsburgh	LAD @ PIT
891	Sandy Koufax	7	1	Sencillo	Pittsburgh	LAD @ PIT
892	Larry Sherry	7	8	Triple	Pittsburgh	LAD @ PIT
893	Jack Sanford	9	1	Sencillo	Pittsburgh	SFG @ PIT
894	Jim Duffalo	9	2	Sencillo	Pittsburgh	SFG @ PIT
895	Eddie Fisher	9	7	HR	Pittsburgh	SFG @ PIT
896	Bob Purkey	12	2	Sencillo	Pittsburgh	CIN @ PIT
897	Jim O'Toole	13	3	Sencillo	Pittsburgh	CIN @ PIT
898	Jay Hook	13	6	Sencillo	Pittsburgh	CIN @ PIT
899	Marshall Bridges	13	8	Sencillo	Pittsburgh	CIN @ PIT
900	Curt Simmons	16	4	Sencillo	Pittsburgh	STL @ PIT
901	Ernie Broglio	17	3	Sencillo	Pittsburgh	STL @ PIT
902	Art Mahaffey	19	4	HR	Filadelfia	PIT @ PHI

HIT	LANZADOR	DÍA	ENTRADA	TIPO DE HIT	CIUDAD	EQUIPOS
903	Dallas Green	21	3	Sencillo	Filadelfia	PIT @ PHI
904	Dallas Green	21	5	Sencillo	Filadelfia	PIT @ PHI
905	Don Ferrarese	21	8	Triple	Filadelfia	PIT @ PHI
906	Lew Burdette	23	4	Sencillo	Milwaukee	PIT @ MLN
907	Dick Ellsworth	24	4	HR	Chicago	PIT @ CHC
908	Dick Ellsworth	24	5	HR	Chicago	PIT @ CHC
909	Ernie Broglio	27	2	HR	San Luis	PIT @ STL
910	Ray Sadecki	28	1	Sencillo	San Luis	PIT @ STL
911	Don Cardwell	30	2	Sencillo	Pittsburgh	CHC @ PIT
912	Warren Spahn	31	1	Doble	Pittsburgh	MLN @ PIT
913	Warren Spahn	31	3	Doble	Pittsburgh	MLN @ PIT
914	Moe Drabowsky	31	8	Sencillo	Pittsburgh	MLN @ PIT

JUNIO

HIT	LANZADOR	DÍA	ENTRADA	TIPO DE HIT	CIUDAD	EQUIPOS
915	Moe Drabowsky	1	4	Sencillo	Pittsburgh	MLN @ PIT
916	John Buzhardt	2	7	Sencillo	Pittsburgh	PHI @ PIT
917	John Buzhardt	2	9	Sencillo	Pittsburgh	PHI @ PIT
918	Art Mahaffey	3	1	HR	Pittsburgh	PHI @ PIT
919	Don Ferrarese	4	6	Sencillo	Pittsburgh	PHI @ PIT
920	Turk Farrell	5	8	Sencillo	Los Ángeles	PIT @ LAD
921	Johnny Podres	6	5	Sencillo	Los Ángeles	PIT @ LAD
922	Sandy Koufax	7	1	HR	Los Ángeles	PIT @ LAD
923	Sandy Koufax	7	6	Sencillo	Los Ángeles	PIT @ LAD

HIT	LANZADOR	DÍA	ENTRADA	TIPO DE HIT	CIUDAD	EQUIPOS
924	Stan Williams	8	4	Triple	Los Ángeles	PIT @ LAD
925	Juan Marichal	9	1	Sencillo	San Francisco	PIT @ SFG
926	Juan Marichal	9	7	Triple	San Francisco	PIT @ SFG
927	Jim Maloney	13	6	Sencillo	Pittsburgh	CIN @ PIT
928	Jim O´Toole	14	3	Sencillo	Pittsburgh	CIN @ PIT
929	Jim O´Toole	14	5	Sencillo	Pittsburgh	CIN @ PIT
930	Jim O´Toole	14	7	Doble	Pittsburgh	CIN @ PIT
931	Jim Brosnan	14	9	Sencillo	Pittsburgh	CIN @ PIT
932	Joey Jay	15	1	Sencillo	Pittsburgh	CIN @ PIT
933	Joey Jay	15	8	Sencillo	Pittsburgh	CIN @ PIT
934	Curt Simmons	18	1	Doble	Pittsburgh	STL @ PIT
935	Curt Simmons	18	8	Sencillo	Pittsburgh	STL @ PIT
936	Dallas Green	22	8	Doble	Filadelfia	PIT @ PHI
937	Robin Roberts	23	1	Doble	Pittsburgh	PHI @ PIT
938	Robin Roberts	23	3	Doble	Pittsburgh	PHI @ PIT
939	Jim Owens	23	5	Sencillo	Pittsburgh	PHI @ PIT
940	Don Ferrarese	25	4	HR	Pittsburgh	PHI @ PIT
941	Ken Lehman	25	7	IPHR	Pittsburgh	PHI @ PIT
942	Robin Roberts	25	8	Sencillo	Pittsburgh	PHI @ PIT
943	Johnny Podres	27	3	Sencillo	Pittsburgh	LAD @ PIT
944	Turk Farrell	27	4	Sencillo	Pittsburgh	LAD @ PIT
945	Turk Farrell	27	7	Sencillo	Pittsburgh	LAD @ PIT

HIT	LANZADOR	DÍA	ENTRADA	TIPO DE HIT	CIUDAD	EQUIPOS
946	Larry Sherry	27	9	Sencillo	Pittsburgh	LAD @ PIT
947	Jim Golden	28	5	Triple	Pittsburgh	LAD @ PIT
948	Sandy Koufax	29	8	Doble	Pittsburgh	LAD @ PIT
949	Mike McCormick	30	1	Triple	Pittsburgh	SFG @ PIT
950	Mike McCormick	30	6	HR	Pittsburgh	SFG @ PIT
		JULIO				
951	Jack Sanford	1	4	Sencillo	Pittsburgh	SFG @ PIT
952	Sam Jones	1	6	Sencillo	Pittsburgh	SFG @ PIT
953	Billy O´Dell	2	7	Sencillo	Pittsburgh	SFG @ PIT
954	Juan Marichal	2	3	Sencillo	Pittsburgh	SFG @ PIT
955	Juan Marichal	2	6	Triple	Pittsburgh	SFG @ PIT
956	Dick Ellsworth	6	1	Sencillo	Chicago	PIT @ CHC
957	Dick Ellsworth	6	3	Doble	Chicago	PIT @ CHC
958	Bob Anderson	6	6	Sencillo	Chicago	PIT @ CHC
959	Mel Wright	6	7	Sencillo	Chicago	PIT @ CHC
960	Mel Wright	6	8	HR	Chicago	PIT @ CHC
961	Glen Hobbie	6	7	Sencillo	Chicago	PIT @ CHC
962	Glen Hobbie	6	9	Sencillo	Chicago	PIT @ CHC
963	Bob Buhl	8	2	Sencillo	Milwaukee	PIT @ MLN
964	Bob Buhl	8	4	Sencillo	Milwaukee	PIT @ MLN
965	Bob Buhl	8	6	Sencillo	Milwaukee	PIT @ MLN
966	Johnny Antonelli	8	7	Sencillo	Milwaukee	PIT @ MLN

HIT	LANZADOR	DÍA	ENTRADA	TIPO DE HIT	CIUDAD	EQUIPOS
967	Lew Burdette	9	2	Sencillo	Milwaukee	PIT @ MLN
968	Don McMahon	9	8	Sencillo	Milwaukee	PIT @ MLN
969	Billy O´Dell	13	4	Sencillo	San Francisco	PIT @ SFG
970	Billy O´Dell	13	6	Sencillo	San Francisco	PIT @ SFG
971	Dick LeMay	14	8	HR	San Francisco	PIT @ SFG
972	Mike McCormick	15	8	Sencillo	San Francisco	PIT @ SFG
973	Ron Perranoski	16	1	Sencillo	Los Ángeles	PIT @ LAD
974	Turk Farrell	16	8	HR	Los Ángeles	PIT @ LAD
975	Jim Golden	16	9	Sencillo	Los Ángeles	PIT @ LAD
976	Stan Williams	17	7	Sencillo	Los Ángeles	PIT @ LAD
977	Jack Curtis	20	1	Sencillo	Pittsburgh	CHC @ PIT
978	Barney Schultz	20	8	Sencillo	Pittsburgh	CHC @ PIT
979	Lew Burdette	21	5	Sencillo	Pittsburgh	MLN @ PIT
980	Warren Spahn	22	1	HR	Pittsburgh	MLN @ PIT
981	Warren Spahn	22	3	Doble	Pittsburgh	MLN @ PIT
982	Bob Buhl	23	1	Doble	Pittsburgh	MLN @ PIT
983	Bob Buhl	23	9	Sencillo	Pittsburgh	MLN @ PIT
984	Carl Willey	23	6	Sencillo	Pittsburgh	MLN @ PIT
985	Mike McCormick	25	3	Doble	Pittsburgh	SFG @ PIT
986	Juan Marichal	27	2	Sencillo	Pittsburgh	SFG @ PIT
987	Johnny Podres	28	7	Sencillo	Pittsburgh	LAD @ PIT
988	Sandy Koufax	29	3	Doble	Pittsburgh	LAD @ PIT

HIT	LANZADOR	DÍA	ENTRADA	TIPO DE HIT	CIUDAD	EQUIPOS
989	Sandy Koufax	29	5	Sencillo	Pittsburgh	LAD @ PIT
990	Larry Sherry	29	7	HR	Pittsburgh	LAD @ PIT
991	Don Drysdale	30	2	Doble	Pittsburgh	LAD @ PIT
992	Don Drysdale	30	6	Sencillo	Pittsburgh	LAD @ PIT
993	Don Drysdale	30	9	Sencillo	Pittsburgh	LAD @ PIT
AGOSTO						
994	Larry Jackson	2	2	HR	San Luis	PIT @ STL
995	Al Cicotte	3	1	Sencillo	San Luis	PIT @ STL
996	Al Cicotte	3	3	Sencillo	San Luis	PIT @ STL
997	Bob Miller	3	4	Doble	San Luis	PIT @ STL
998	Bob Miller	3	5	Doble	San Luis	PIT @ STL
999	Lindy McDaniel	3	6	Sencillo	San Luis	PIT @ STL
1000	Kent Hunt	5	1	Sencillo	Cincinnati	PIT @ CIN
1001	Jay Hook	5	5	Sencillo	Cincinnati	PIT @ CIN
1002	Jay Hook	5	6	Triple	Cincinnati	PIT @ CIN
1003	Joey Jay	6	5	HR	Cincinnati	PIT @ CIN
1004	Jim Maloney	6	7	Doble	Cincinnati	PIT @ CIN
1005	Jim O'Toole	6	1	Sencillo	Cincinnati	PIT @ CIN
1006	Jim O'Toole	6	3	Sencillo	Cincinnati	PIT @ CIN
1007	Jim O'Toole	6	5	Sencillo	Cincinnati	PIT @ CIN
1008	John Buzhardt	7	1	Sencillo	Filadelfia	PIT @ PHI
1009	Curt Simmons	9	1	Sencillo	Pittsburgh	STL @ PIT

HIT	LANZADOR	DÍA	ENTRADA	TIPO DE HIT	CIUDAD	EQUIPOS
1010	Ray Sadecki	10	6	Sencillo	Pittsburgh	STL @ PIT
1011	Ray Sadecki	10	9	HR	Pittsburgh	STL @ PIT
1012	Robin Roberts	11	1	Doble	Pittsburgh	PHI @ PIT
1013	Robin Roberts	11	3	HR	Pittsburgh	PHI @ PIT
1014	Jim Owens	12	4	Doble	Pittsburgh	PHI @ PIT
1015	John Buzhardt	13	3	Sencillo	Pittsburgh	PHI @ PIT
1016	Chris Short	13	5	Sencillo	Pittsburgh	PHI @ PIT
1017	Dallas Green	13	6	Sencillo	Pittsburgh	PHI @ PIT
1018	Bob Buhl	14	2	HR	Milwaukee	PIT @ MLN
1019	Warren Spahn	16	6	Sencillo	Milwaukee	PIT @ MLN
1020	Warren Spahn	16	8	Doble	Milwaukee	PIT @ MLN
1021	Dick Drott	17	1	Sencillo	Chicago	PIT @ CHC
1022	Jim Brewer	17	1	Sencillo	Chicago	PIT @ CHC
1023	Don Elston	17	8	Sencillo	Chicago	PIT @ CHC
1024	Dick Ellsworth	18	10	Sencillo	Chicago	PIT @ CHC
1025	Jack Curtis	19	9	Sencillo	Chicago	PIT @ CHC
1026	Don Cardwell	20	4	Sencillo	Chicago	PIT @ CHC
1027	Don Cardwell	20	9	Sencillo	Chicago	PIT @ CHC
1028	Bob Buhl	22	2	Sencillo	Pittsburgh	MLN @ PIT
1029	Lew Burdette	23	1	Doble	Pittsburgh	MLN @ PIT
1030	Don McMahon	23	8	Sencillo	Pittsburgh	MLN @ PIT
1031	Don Cardwell	25	6	HR	Pittsburgh	CHC @ PIT

HIT	LANZADOR	DÍA	ENTRADA	TIPO DE HIT	CIUDAD	EQUIPOS
1032	Dick Ellsworth	26	3	Triple	Pittsburgh	CHC @ PIT
1033	Dick Ellsworth	26	6	Doble	Pittsburgh	CHC @ PIT
1034	Barney Schultz	26	8	Sencillo	Pittsburgh	CHC @ PIT
1035	Jim Brewer	27	1	Sencillo	Pittsburgh	CHC @ PIT
1036	Jim Brewer	27	3	Sencillo	Pittsburgh	CHC @ PIT
1037	Dick Drott	28	4	Doble	Pittsburgh	CHC @ PIT
1038	Glen Hobbie	28	5	Doble	Pittsburgh	CHC @ PIT
			SEPTIEMBRE			
1039	Larry Jackson	1	2	Sencillo	San Luis	PIT @ STL
1040	Curt Simmons	3	1	Doble	San Luis	PIT @ STL
1041	Al Cicotte	3	2	HR	San Luis	PIT @ STL
1042	Craig Anderson	3	9	Sencillo	San Luis	PIT @ STL
1043	Ray Sadecki	4	8	Sencillo	San Luis	PIT @ STL
1044	Glen Hobbie	5	1	Sencillo	Chicago	PIT @ CHC
1045	Dick Drott	5	7	Sencillo	Chicago	PIT @ CHC
1046	Don Elston	5	9	Sencillo	Chicago	PIT @ CHC
1047	Don Cardwell	6	2	Sencillo	Chicago	PIT @ CHC
1048	Jim Brewer	7	1	Doble	Chicago	PIT @ CHC
1049	Jim Brewer	7	3	Sencillo	Chicago	PIT @ CHC
1050	Bob Hendley	8	4	Sencillo	Milwaukee	PIT @ MLN
1051	Warren Spahn	10	1	Sencillo	Milwaukee	PIT @ MLN
1052	Jack Sanford	11	2	Sencillo	San Francisco	PIT @ SFG

HIT	LANZADOR	DÍA	ENTRADA	TIPO DE HIT	CIUDAD	EQUIPOS
1053	Jack Sanford	11	4	Sencillo	San Francisco	PIT @ SFG
1054	Don Drysdale	13	2	Sencillo	Los Ángeles	PIT @ LAD
1055	Don Drysdale	13	4	Sencillo	Los Ángeles	PIT @ LAD
1056	Jim Golden	13	8	Sencillo	Los Ángeles	PIT @ LAD
1057	Ed Roebuck	14	9	Sencillo	Los Ángeles	PIT @ LAD
1058	Ray Sadecki	16	1	Sencillo	Pittsburgh	STL @ PIT
1059	Joey Jay	20	4	Sencillo	Cincinnati	PIT @ CIN
1060	Jim Owens	22	5	Sencillo	Filadelfia	PIT @ PHI
1061	Frank Sullivan	22	9	Sencillo	Filadelfia	PIT @ PHI
1062	Dallas Green	24	6	Sencillo	Filadelfia	PIT @ PHI

RESUMEN · TEMPORADA 1961

6 de julio	Clemente conectó siete hits en un doble juego. (marca personal)
14 de julio	Clemente conectó el tercer jonrón con las bases llenas de su carrera.
14 de julio	Clemente y Orlando Cepeda se convirtieron en los primeros dos puertorriqueños en conectar cada uno un jonrón por sus respectivos equipos en un mismo juego de Grandes Ligas.
22 de sept	Clemente se convirtió en el primer latinoamericano en conectar 200 hits en una temporada.
26 de sept	Clemente finalizó la temporada con un porcentaje de "Slugging" de .559. (marca personal)
26 de sept	Clemente se convirtió en el primer puertorriqueño en ganar un título de bateo.

Clemente conectó hit en ambos partidos de un doble juego los siguientes días: 2, 6 y 23 de julio, 6 y 17 de agosto.

26 de sept	Clemente finalizó su tercera temporada con un promedio ofensivo de .300.

Clemente firmándole una pelota a un niño de Bayamón en el Hotel Sheraton de Pittsburgh. (1972)

TEMPORADA DE 1962

HIT	LANZADOR	DÍA	ENTRADA	TIPO DE HIT	CIUDAD	EQUIPOS
			ABRIL			
1063	Jim Owens	10	3	HR	Pittsburgh	PHI @ PIT
1064	Herb Moford	13	6	Sencillo	Nueva York	PIT @ NYM
1065	Al Jackson	14	1	Doble	Nueva York	PIT @ NYM
1066	Al Jackson	14	3	Sencillo	Nueva York	PIT @ NYM
1067	Al Jackson	14	4	Doble	Nueva York	PIT @ NYM
1068	Roger Craig	15	3	Sencillo	Nueva York	PIT @ NYM
1069	Glen Hobbie	16	5	HR	Chicago	PIT @ CHC
1070	Jack Curtis	17	1	Sencillo	Chicago	PIT @ CHC
1071	Art Mahaffey	19	3	Sencillo	Filadelfia	PIT @ PHI
1072	Bob Miller	21	4	Triple	Pittsburgh	NYM @ PIT
1073	Roger Craig	22	2	Doble	Pittsburgh	NYM @ PIT
1074	Roger Craig	22	6	Sencillo	Pittsburgh	NYM @ PIT
1075	Sherman Jones	22	8	Sencillo	Pittsburgh	NYM @ PIT
1076	Juan Marichal	24	4	Sencillo	Pittsburgh	SFG @ PIT
1077	Don Drysdale	27	6	Sencillo	Los Ángeles	PIT @ LAD
1078	Don Drysdale	27	9	Sencillo	Los Ángeles	PIT @ LAD

HIT	LANZADOR	DÍA	ENTRADA	TIPO DE HIT	CIUDAD	EQUIPOS
	MAYO					
1079	Billy O'Dell	1	4	Sencillo	San Francisco	PIT @ SFG
1080	Juan Marichal	2	1	Sencillo	San Francisco	PIT @ SFG
1081	Johnny Podres	4	1	Sencillo	Pittsburgh	LAD @ PIT
1082	Johnny Podres	4	5	Sencillo	Pittsburgh	LAD @ PIT
1083	Joe Moeller	4	9	Sencillo	Pittsburgh	LAD @ PIT
1084	Don Drysdale	5	2	Doble	Pittsburgh	LAD @ PIT
1085	Ron Piche	9	1	Sencillo	Milwaukee	PIT @ MLN
1086	Bob Hendley	10	8	HR	Milwaukee	PIT @ MLN
1087	Joey Jay	11	2	Sencillo	Cincinnati	PIT @ CIN
1088	Jim O'Toole	12	3	Sencillo	Cincinnati	PIT @ CIN
1089	Bob Purkey	13	2	Sencillo	Cincinnati	PIT @ CIN
1090	Bob Hendley	16	4	Sencillo	Pittsburgh	MLN @ PIT
1091	Bob Shaw	17	2	Sencillo	Pittsburgh	MLN @ PIT
1092	Bob Shaw	17	9	Sencillo	Pittsburgh	MLN @ PIT
1093	Howie Nunn	20	7	Sencillo	Pittsburgh	CIN @ PIT
1094	Ernie Broglio	28	6	Sencillo	Pittsburgh	STL @ PIT
1095	Ernie Broglio	28	7	Sencillo	Pittsburgh	STL @ PIT
1096	Ray Sadecki	29	1	Sencillo	Pittsburgh	STL @ PIT
1097	Ray Sadecki	29	3	Sencillo	Pittsburgh	STL @ PIT
1098	Ray Washburn	30	1	Sencillo	Pittsburgh	STL @ PIT
1099	Ray Washburn	30	4	Triple	Pittsburgh	STL @ PIT
1100	Don Ferrarese	30	8	Sencillo	Pittsburgh	STL @ PIT

HIT	LANZADOR	DÍA	ENTRADA	TIPO DE HIT	CIUDAD	EQUIPOS
			JUNIO			
1101	Jim Golden	1	2	Sencillo	Pittsburgh	HOU @ PIT
1102	Jim Golden	1	3	HR	Pittsburgh	HOU @ PIT
1103	Bobby Tiefenauer	1	7	Doble	Pittsburgh	HOU @ PIT
1104	Turk Farrell	2	1	HR	Pittsburgh	HOU @ PIT
1105	Dave Giusti	3	2	Sencillo	Pittsburgh	HOU @ PIT
1106	Bobby Tiefenauer	3	7	Triple	Pittsburgh	HOU @ PIT
1107	Ken Johnson	3	2	Doble	Pittsburgh	HOU @ PIT
1108	Stan Williams	5	6	Sencillo	Pittsburgh	LAD @ PIT
1109	Johnny Podres	7	4	Sencillo	Pittsburgh	LAD @ PIT
1110	Johnny Podres	7	9	Sencillo	Pittsburgh	LAD @ PIT
1111	Bob Shaw	9	4	Sencillo	Milwaukee	PIT @ MLN
1112	Bob Shaw	9	6	Sencillo	Milwaukee	PIT @ MLN
1113	Tony Cloninger	9	1	Sencillo	Milwaukee	PIT @ MLN
1114	Tony Cloninger	9	8	Sencillo	Milwaukee	PIT @ MLN
1115	Carl Willey	10	6	Sencillo	Milwaukee	PIT @ MLN
1116	Carl Willey	10	7	Doble	Milwaukee	PIT @ MLN
1117	Don Nottebart	10	9	Sencillo	Milwaukee	PIT @ MLN
1118	Hank Fischer	10	8	Doble	Milwaukee	PIT @ MLN
1119	Glen Hobbie	12	1	Sencillo	Chicago	PIT @ CHC
1120	Glen Hobbie	12	3	Sencillo	Chicago	PIT @ CHC
1121	Cal Koonce	13	7	Sencillo	Chicago	PIT @ CHC
1122	Don Cardwell	13	9	Sencillo	Chicago	PIT @ CHC

HIT	LANZADOR	DÍA	ENTRADA	TIPO DE HIT	CIUDAD	EQUIPOS
1123	Dick Ellsworth	14	1	Sencillo	Chicago	PIT @ CHC
1124	Tony Balsamo	14	7	Sencillo	Chicago	PIT @ CHC
1125	Bob Buhl	14	9	Sencillo	Chicago	PIT @ CHC
1126	Tony Cloninger	15	2	Sencillo	Pittsburgh	MLN @ PIT
1127	Hank Fischer	15	8	HR	Pittsburgh	MLN @ PIT
1128	Lew Burdette	16	2	Sencillo	Pittsburgh	MLN @ PIT
1129	Lew Burdette	16	8	Sencillo	Pittsburgh	MLN @ PIT
1130	Warren Spahn	17	1	Sencillo	Pittsburgh	MLN @ PIT
1131	Warren Spahn	17	5	Sencillo	Pittsburgh	MLN @ PIT
1132	Joey Jay	18	2	Sencillo	Pittsburgh	CIN @ PIT
1133	Joey Jay	18	6	Doble	Pittsburgh	CIN @ PIT
1134	Bob Purkey	18	9	Sencillo	Pittsburgh	CIN @ PIT
1135	Bob Anderson	22	4	Sencillo	Pittsburgh	CHC @ PIT
1136	Bob Buhl	24	5	Triple	Pittsburgh	CHC @ PIT
1137	Bob Buhl	24	7	Sencillo	Pittsburgh	CHC @ PIT
1138	Craig Anderson	25	1	Sencillo	Pittsburgh	NYM @ PIT
1139	Ray Daviault	25	4	Sencillo	Pittsburgh	NYM @ PIT
1140	Ray Daviault	25	6	Sencillo	Pittsburgh	NYM @ PIT
1141	Ken Mackenzie	26	7	Sencillo	Pittsburgh	NYM @ PIT
1142	Ray Washburn	30	1	Sencillo	San Luis	PIT @ STL
1143	Ray Washburn	30	2	HR	San Luis	PIT @ STL
1144	Bobby Shantz	30	4	Sencillo	San Luis	PIT @ STL
1145	Ed Bauta	30	8	Doble	San Luis	PIT @ STL

HIT	LANZADOR	DÍA	ENTRADA	TIPO DE HIT	CIUDAD	EQUIPOS
			JULIO			
1146	Larry Jackson	1	2	Sencillo	San Luis	PIT @ STL
1147	Ken Johnson	3	3	Sencillo	Houston	PIT @ HOU
1148	Ken Johnson	3	8	Sencillo	Houston	PIT @ HOU
1149	Bob Bruce	4	1	Sencillo	Houston	PIT @ HOU
1150	Dave Giusti	4	5	Sencillo	Houston	PIT @ HOU
1151	Dave Giusti	4	7	Sencillo	Houston	PIT @ HOU
1152	Jim Golden	4	2	Sencillo	Houston	PIT @ HOU
1153	Jim Golden	4	6	Sencillo	Houston	PIT @ HOU
1154	Jim Owens	5	1	Sencillo	Pittsburgh	PHI @ PIT
1155	Chris Short	5	8	Sencillo	Pittsburgh	PHI @ PIT
1156	Art Mahaffey	6	2	Sencillo	Pittsburgh	PHI @ PIT
1157	Art Mahaffey	6	4	Doble	Pittsburgh	PHI @ PIT
1158	Art Mahaffey	6	9	Doble	Pittsburgh	PHI @ PIT
1159	Jack Hamilton	7	2	Sencillo	Pittsburgh	PHI @ PIT
1160	Jack Hamilton	7	6	Sencillo	Pittsburgh	PHI @ PIT
1161	Chris Short	7	7	Triple	Pittsburgh	PHI @ PIT
1162	Jack Baldschun	8	6	Sencillo	Pittsburgh	PHI @ PIT
1163	Bill Smith	8	1	Doble	Pittsburgh	PHI @ PIT
1164	Dallas Green	8	7	HR	Pittsburgh	PHI @ PIT
1165	Jim Golden	12	1	Triple	Pittsburgh	HOU @ PIT
1166	Jim Golden	12	3	Sencillo	Pittsburgh	HOU @ PIT
1167	Dave Giusti	12	7	Sencillo	Pittsburgh	HOU @ PIT

HIT	LANZADOR	DÍA	ENTRADA	TIPO DE HIT	CIUDAD	EQUIPOS
1168	Turk Farrell	13	1	Sencillo	Pittsburgh	HOU @ PIT
1169	Don McMahon	13	8	Sencillo	Pittsburgh	HOU @ PIT
1170	Bob Bruce	14	5	Sencillo	Pittsburgh	HOU @ PIT
1171	Ray Washburn	15	2	Doble	Pittsburgh	STL @ PIT
1172	Bobby Shantz	15	5	Doble	Pittsburgh	STL @ PIT
1173	Lindy McDaniel	15	9	Sencillo	Pittsburgh	STL @ PIT
1174	Ray Sadecki	16	6	Sencillo	Pittsburgh	STL @ PIT
1175	Al Jackson	19	3	Sencillo	Nueva York	PIT @ NYM
1176	Jay Hook	19	2	Sencillo	Nueva York	PIT @ NYM
1177	Jack Sanford	20	2	Doble	Pittsburgh	SFG @ PIT
1178	Jack Sanford	20	4	Sencillo	Pittsburgh	SFG @ PIT
1179	Billy O´Dell	21	1	Doble	Pittsburgh	SFG @ PIT
1180	Billy O´Dell	21	3	Sencillo	Pittsburgh	SFG @ PIT
1181	Johnny Klippstein	26	8	Sencillo	Cincinnati	PIT @ CIN
1182	Dallas Green	27	6	Doble	Filadelfia	PIT @ PHI
1183	Jack Hamilton	27	6	Sencillo	Filadelfia	PIT @ PHI
1184	Bill Smith	27	9	Sencillo	Filadelfia	PIT @ PHI
1185	Cal McLish	29	4	HR	Filadelfia	PIT @ PHI

HIT	LANZADOR	DÍA	ENTRADA	TIPO DE HIT	CIUDAD	EQUIPOS
			JULIO			
1146	Larry Jackson	1	2	Sencillo	San Luis	PIT @ STL
1147	Ken Johnson	3	3	Sencillo	Houston	PIT @ HOU
1148	Ken Johnson	3	8	Sencillo	Houston	PIT @ HOU
1149	Bob Bruce	4	1	Sencillo	Houston	PIT @ HOU
1150	Dave Giusti	4	5	Sencillo	Houston	PIT @ HOU
1151	Dave Giusti	4	7	Sencillo	Houston	PIT @ HOU
1152	Jim Golden	4	2	Sencillo	Houston	PIT @ HOU
1153	Jim Golden	4	6	Sencillo	Houston	PIT @ HOU
1154	Jim Owens	5	1	Sencillo	Pittsburgh	PHI @ PIT
1155	Chris Short	5	8	Sencillo	Pittsburgh	PHI @ PIT
1156	Art Mahaffey	6	2	Sencillo	Pittsburgh	PHI @ PIT
1157	Art Mahaffey	6	4	Doble	Pittsburgh	PHI @ PIT
1158	Art Mahaffey	6	9	Doble	Pittsburgh	PHI @ PIT
1159	Jack Hamilton	7	2	Sencillo	Pittsburgh	PHI @ PIT
1160	Jack Hamilton	7	6	Sencillo	Pittsburgh	PHI @ PIT
1161	Chris Short	7	7	Triple	Pittsburgh	PHI @ PIT
1162	Jack Baldschun	8	6	Sencillo	Pittsburgh	PHI @ PIT
1163	Bill Smith	8	1	Doble	Pittsburgh	PHI @ PIT
1164	Dallas Green	8	7	HR	Pittsburgh	PHI @ PIT
1165	Jim Golden	12	1	Triple	Pittsburgh	HOU @ PIT
1166	Jim Golden	12	3	Sencillo	Pittsburgh	HOU @ PIT
1167	Dave Giusti	12	7	Sencillo	Pittsburgh	HOU @ PIT

HIT	LANZADOR	DÍA	ENTRADA	TIPO DE HIT	CIUDAD	EQUIPOS
1168	Turk Farrell	13	1	Sencillo	Pittsburgh	HOU @ PIT
1169	Don McMahon	13	8	Sencillo	Pittsburgh	HOU @ PIT
1170	Bob Bruce	14	5	Sencillo	Pittsburgh	HOU @ PIT
1171	Ray Washburn	15	2	Doble	Pittsburgh	STL @ PIT
1172	Bobby Shantz	15	5	Doble	Pittsburgh	STL @ PIT
1173	Lindy McDaniel	15	9	Sencillo	Pittsburgh	STL @ PIT
1174	Ray Sadecki	16	6	Sencillo	Pittsburgh	STL @ PIT
1175	Al Jackson	19	3	Sencillo	Nueva York	PIT @ NYM
1176	Jay Hook	19	2	Sencillo	Nueva York	PIT @ NYM
1177	Jack Sanford	20	2	Doble	Pittsburgh	SFG @ PIT
1178	Jack Sanford	20	4	Sencillo	Pittsburgh	SFG @ PIT
1179	Billy O´Dell	21	1	Doble	Pittsburgh	SFG @ PIT
1180	Billy O´Dell	21	3	Sencillo	Pittsburgh	SFG @ PIT
1181	Johnny Klippstein	26	8	Sencillo	Cincinnati	PIT @ CIN
1182	Dallas Green	27	6	Doble	Filadelfia	PIT @ PHI
1183	Jack Hamilton	27	6	Sencillo	Filadelfia	PIT @ PHI
1184	Bill Smith	27	9	Sencillo	Filadelfia	PIT @ PHI
1185	Cal McLish	29	4	HR	Filadelfia	PIT @ PHI

HIT	LANZADOR	DÍA	ENTRADA	TIPO DE HIT	CIUDAD	EQUIPOS
			AGOSTO			
1186	Stan Williams	1	1	Sencillo	Los Ángeles	PIT @ LAD
1187	Ed Roebuck	1	3	Sencillo	Los Ángeles	PIT @ LAD
1188	Don Cardwell	10	1	Doble	Chicago	PIT @ CHC
1189	Al Lary	10	3	Sencillo	Chicago	PIT @ CHC
1190	Barney Schultz	10	9	Doble	Chicago	PIT @ CHC
1191	Cal Koonce	12	6	Sencillo	Chicago	PIT @ CHC
1192	Don Elston	12	7	Doble	Chicago	PIT @ CHC
1193	Johnny Podres	14	1	Doble	Pittsburgh	LAD @ PIT
1194	Johnny Podres	14	5	Sencillo	Pittsburgh	LAD @ PIT
1195	Don Drysdale	15	3	Sencillo	Pittsburgh	LAD @ PIT
1196	Ron Perranoski	15	7	Sencillo	Pittsburgh	LAD @ PIT
1197	Dennis Bennett	19	1	Sencillo	Pittsburgh	PHI @ PIT
1198	Bob Miller	20	4	Sencillo	Nueva York	PIT @ NYM
1199	Craig Anderson	21	1	Doble	Nueva York	PIT @ NYM
1200	Curt Simmons	25	3	Sencillo	San Luis	PIT @ STL
1201	Ray Washburn	26	2	Doble	San Luis	PIT @ STL
1202	Lindy McDaniel	26	1	Sencillo	San Luis	PIT @ STL
1203	Lindy McDaniel	26	4	Sencillo	San Luis	PIT @ STL
1204	Lindy McDaniel	26	5	Sencillo	San Luis	PIT @ STL
1205	Bob Buhl	28	3	Triple	Pittsburgh	CHC @ PIT
1206	Don Cardwell	30	5	Doble	Pittsburgh	CHC @ PIT
1207	Dallas Green	31	3	Sencillo	Filadelfia	PIT @ PHI

HIT	LANZADOR	DÍA	ENTRADA	TIPO DE HIT	CIUDAD	EQUIPOS
SEPTIEMBRE						
1208	Jim Owens	1	3	Sencillo	Filadelfia	PIT @ PHI
1209	Jim Owens	1	6	Doble	Filadelfia	PIT @ PHI
1210	Jay Hook	3	6	Sencillo	Pittsburgh	NYM @ PIT
1211	Roger Craig	3	2	Sencillo	Pittsburgh	NYM @ PIT
1212	Roger Craig	3	4	Sencillo	Pittsburgh	NYM @ PIT
1213	Stan Williams	7	8	Sencillo	Los Ángeles	PIT @ LAD
1214	Pete Richert	8	1	Triple	Los Ángeles	PIT @ LAD
1215	Pete Richert	8	7	Doble	Los Ángeles	PIT @ LAD
1216	Johnny Podres	9	1	Sencillo	Los Ángeles	PIT @ LAD
1217	Johnny Podres	9	8	Sencillo	Los Ángeles	PIT @ LAD
1218	Jack Sanford	11	4	Sencillo	San Francisco	PIT @ SFG
1219	Billy O´Dell	14	3	Sencillo	Pittsburgh	SFG @ PIT
1220	Billy O´Dell	14	7	Sencillo	Pittsburgh	SFG @ PIT
1221	Jack Sanford	15	4	Sencillo	Pittsburgh	SFG @ PIT
1222	Jack Sanford	15	8	Doble	Pittsburgh	SFG @ PIT
1223	Gaylord Perry	16	4	Sencillo	Pittsburgh	SFG @ PIT
1224	Bobby Bolin	16	8	Sencillo	Pittsburgh	SFG @ PIT
1225	Mike McCormick	17	3	HR	Pittsburgh	SFG @ PIT
1226	Bobby Bolin	17	7	Sencillo	Pittsburgh	SFG @ PIT
1227	Jim O´Toole	18	6	Sencillo	Pittsburgh	CIN @ PIT
1228	Warren Spahn	21	6	Sencillo	Pittsburgh	MLN @ PIT
1229	Warren Spahn	21	8	Triple	Pittsburgh	MLN @ PIT
1230	Tony Cloninger	23	2	Sencillo	Pittsburgh	MLN @ PIT

RESUMEN · TEMPORADA 1962

10 de abril   Clemente se convirtió en el primer puertorriqueño en conectar un jonrón con las bases llenas en un juego inaugural. Este fue su cuarto jonrón con las bases llenas en su carrera.

27 de abril   **Clemente se convirtió en el primer puertorriqueño en conectar un hit en el Dodger Stadium de Los Ángeles.**

15 de junio   Clemente conectó el quinto jonrón con las bases llenas de su carrera.

Clemente conectó hit en ambos partidos de un doble juego los siguientes días: 3, 9, 10 y 18 de junio, 4, 8, 15, 19 y 27 de julio, 26 de agosto y 3 de septiembre.

23 de sept   Clemente finalizó su cuarta temporada con un promedio ofensivo de .300.

Clemente junto a su madre y ejecutivos de Eastern Air Lines. (1972)

TEMPORADA DE 1963

HIT	LANZADOR	DÍA	ENTRADA	TIPO DE HIT	CIUDAD	EQUIPOS
ABRIL						
1231	Lew Burdette	9	1	Sencillo	Pittsburgh	MLN @ PIT
1232	Bob Shaw	10	6	Doble	Pittsburgh	MLN @ PIT
1233	Bob Shaw	10	7	Sencillo	Pittsburgh	MLN @ PIT
1234	Jim O'Toole	13	1	Sencillo	Cincinnati	PIT @ CIN
1235	John Tsitouris	13	9	Sencillo	Cincinnati	PIT @ CIN
1236	Joey Jay	14	8	Sencillo	Cincinnati	PIT @ CIN
1237	Ray Washburn	17	4	HR	San Luis	PIT @ STL
1238	Ernie Broglio	18	4	Sencillo	San Luis	PIT @ STL
1239	Joey Jay	20	7	Sencillo	Pittsburgh	CIN @ PIT
1240	Chris Short	24	1	Triple	Filadelfia	PIT @ PHI
1241	Johnny Klippstein	24	7	Doble	Filadelfia	PIT @ PHI
1242	Jay Hook	27	7	Sencillo	Pittsburgh	NYM @ PIT
1243	Tracy Stallard	28	8	Sencillo	Pittsburgh	NYM @ PIT
MAYO						
1244	Pete Richert	3	5	Triple	Pittsburgh	LAD @ PIT
1245	Jack Smith	3	6	Sencillo	Pittsburgh	LAD @ PIT
1246	Bob Miller	4	2	Doble	Pittsburgh	LAD @ PIT
1247	Ron Perranoski	4	7	Doble	Pittsburgh	LAD @ PIT
1248	Pete Richert	5	6	Sencillo	Pittsburgh	LAD @ PIT
1249	Don Drysdale	6	1	Sencillo	Pittsburgh	LAD @ PIT

HIT	LANZADOR	DÍA	ENTRADA	TIPO DE HIT	CIUDAD	EQUIPOS
1250	Don Drysdale	6	6	Sencillo	Pittsburgh	LAD @ PIT
1251	Larry Jackson	7	2	HR	Chicago	PIT @ CHC
1252	Bob Buhl	8	2	Sencillo	Chicago	PIT @ CHC
1253	Don Elston	8	8	Sencillo	Chicago	PIT @ CHC
1254	Curt Simmons	10	4	Doble	Pittsburgh	STL @ PIT
1255	Curt Simmons	10	6	Sencillo	Pittsburgh	STL @ PIT
1256	Ernie Broglio	12	6	Sencillo	Pittsburgh	STL @ PIT
1257	Harry Fanok	12	11	Sencillo	Pittsburgh	STL @ PIT
1258	Ray Sadecki	12	6	Sencillo	Pittsburgh	STL @ PIT
1259	Ray Sadecki	12	8	Sencillo	Pittsburgh	STL @ PIT
1260	Juan Marichal	15	4	Sencillo	San Francisco	PIT @ SFG
1261	Johnny Podres	16	4	Sencillo	Los Ángeles	PIT @ LAD
1262	Bob Miller	17	8	Sencillo	Los Ángeles	PIT @ LAD
1263	Don Drysdale	18	8	Sencillo	Los Ángeles	PIT @ LAD
1264	Don McMahon	22	9	Sencillo	Houston	PIT @ HOU
1265	Warren Spahn	24	4	Doble	Milwaukee	PIT @ MLN
1266	Warren Spahn	24	6	Doble	Milwaukee	PIT @ MLN
1267	Bob Shaw	25	2	Sencillo	Milwaukee	PIT @ MLN
1268	Bob Shaw	25	4	Sencillo	Milwaukee	PIT @ MLN
1269	Lew Burdette	26	7	HR	Milwaukee	PIT @ MLN
1270	Hank Fischer	26	9	Sencillo	Milwaukee	PIT @ MLN
1271	Frank Funk	26	11	Sencillo	Milwaukee	PIT @ MLN
1272	Cal McLish	28	1	Sencillo	Pittsburgh	PHI @ PIT

HIT	LANZADOR	DÍA	ENTRADA	TIPO DE HIT	CIUDAD	EQUIPOS
JUNIO						
1273	Joe Nuxhall	5	1	Sencillo	Pittsburgh	CIN @ PIT
1274	Bob Purkey	5	7	Sencillo	Pittsburgh	CIN @ PIT
1275	Joey Jay	6	1	Sencillo	Pittsburgh	CIN @ PIT
1276	Joey Jay	6	6	Sencillo	Pittsburgh	CIN @ PIT
1277	Bob Shaw	7	6	Sencillo	Pittsburgh	MLN @ PIT
1278	Lew Burdette	8	1	Sencillo	Pittsburgh	MLN @ PIT
1279	Tony Cloninger	8	5	Doble	Pittsburgh	MLN @ PIT
1280	Tony Cloninger	8	7	Sencillo	Pittsburgh	MLN @ PIT
1281	Denny Lemaster	9	7	Doble	Pittsburgh	MLN @ PIT
1282	Warren Spahn	9	7	HR	Pittsburgh	MLN @ PIT
1283	Warren Spahn	9	8	Sencillo	Pittsburgh	MLN @ PIT
1284	Bob Gibson	11	8	Sencillo	Pittsburgh	STL @ PIT
1285	Jim O'Toole	12	1	Doble	Cincinnati	PIT @ CIN
1286	John Tsitouris	13	3	Sencillo	Cincinnati	PIT @ CIN
1287	John Tsitouris	13	5	Sencillo	Cincinnati	PIT @ CIN
1288	Bob Gibson	16	8	Triple	San Luis	PIT @ STL
1289	Curt Simmons	16	1	Sencillo	San Luis	PIT @ STL
1290	Ron Taylor	16	9	Sencillo	San Luis	PIT @ STL
1291	Tony Cloninger	17	7	Sencillo	Milwaukee	PIT @ MLN
1292	Warren Spahn	18	2	Sencillo	Milwaukee	PIT @ MLN
1293	Hank Fischer	19	5	Sencillo	Milwaukee	PIT @ MLN
1294	Dan Schneider	19	6	Sencillo	Milwaukee	PIT @ MLN

HIT	LANZADOR	DÍA	ENTRADA	TIPO DE HIT	CIUDAD	EQUIPOS
1295	Frank Funk	19	9	Sencillo	Milwaukee	PIT @ MLN
1296	Denny Lemaster	20	1	Sencillo	Milwaukee	PIT @ MLN
1297	Denny Lemaster	20	4	Sencillo	Milwaukee	PIT @ MLN
1298	Denny Lemaster	20	9	Sencillo	Milwaukee	PIT @ MLN
1299	Bob Buhl	21	1	Sencillo	Chicago	PIT @ CHC
1300	Dick Ellsworth	22	1	Sencillo	Chicago	PIT @ CHC
1301	Dick Ellsworth	22	6	Sencillo	Chicago	PIT @ CHC
1302	Glen Hobbie	23	1	Sencillo	Chicago	PIT @ CHC
1303	Glen Hobbie	23	3	Sencillo	Chicago	PIT @ CHC
1304	Glen Hobbie	23	7	HR	Chicago	PIT @ CHC
1305	Art Mahaffey	25	1	Sencillo	Pittsburgh	PHI @ PIT
1306	Art Mahaffey	25	5	Sencillo	Pittsburgh	PHI @ PIT
1307	Roger Craig	28	6	Sencillo	Pittsburgh	NYM @ PIT
1308	Larry Bearnarth	29	9	Sencillo	Pittsburgh	NYM @ PIT
1309	Tracy Stallard	30	4	Sencillo	Pittsburgh	NYM @ PIT
1310	Jay Hook	30	8	Triple	Pittsburgh	NYM @ PIT
		JULIO				
1311	Dallas Green	2	6	Doble	Filadelfia	PIT @ PHI
1312	Art Mahaffey	4	6	Triple	Filadelfia	PIT @ PHI
1313	Ryne Duren	4	1	HR	Filadelfia	PIT @ PHI
1314	Tracy Stallard	5	8	HR	Nueva York	PIT @ NYM
1315	Al Jackson	6	1	Sencillo	Nueva York	PIT @ NYM
1316	Larry Bearnarth	6	8	Sencillo	Nueva York	PIT @ NYM

HIT	LANZADOR	DÍA	ENTRADA	TIPO DE HIT	CIUDAD	EQUIPOS
1317	Larry Bearnarth	6	9	HR	Nueva York	PIT @ NYM
1318	Jay Hook	7	1	Sencillo	Nueva York	PIT @ NYM
1319	Jay Hook	7	2	Sencillo	Nueva York	PIT @ NYM
1320	Roger Craig	7	8	Doble	Nueva York	PIT @ NYM
1321	Don Nottebart	11	8	Doble	Pittsburgh	HOU @ PIT
1322	Bob Bruce	12	6	Sencillo	Pittsburgh	HOU @ PIT
1323	Dick Drott	13	1	Sencillo	Pittsburgh	HOU @ PIT
1324	Jim Umbricht	13	5	Sencillo	Pittsburgh	HOU @ PIT
1325	Juan Marichal	15	4	Sencillo	Pittsburgh	SFG @ PIT
1326	Juan Marichal	15	7	Sencillo	Pittsburgh	SFG @ PIT
1327	Juan Marichal	15	9	Doble	Pittsburgh	SFG @ PIT
1328	Bobby Bolin	16	3	Doble	Pittsburgh	SFG @ PIT
1329	Bobby Bolin	16	5	Sencillo	Pittsburgh	SFG @ PIT
1330	Jack Sanford	16	3	Doble	Pittsburgh	SFG @ PIT
1331	Jack Sanford	16	5	Sencillo	Pittsburgh	SFG @ PIT
1332	Bob Miller	17	3	Sencillo	Pittsburgh	LAD @ PIT
1333	Johnny Podres	18	1	Sencillo	Pittsburgh	LAD @ PIT
1334	Johnny Podres	18	5	Sencillo	Pittsburgh	LAD @ PIT
1335	Johnny Podres	18	7	HR	Pittsburgh	LAD @ PIT
1336	Don Elston	19	8	Sencillo	Pittsburgh	CHC @ PIT
1337	Paul Toth	21	8	Sencillo	Pittsburgh	CHC @ PIT
1338	Dick LeMay	21	1	Sencillo	Pittsburgh	CHC @ PIT
1339	Glen Hobbie	21	6	Sencillo	Pittsburgh	CHC @ PIT

HIT	LANZADOR	DÍA	ENTRADA	TIPO DE HIT	CIUDAD	EQUIPOS
1340	Lindy McDaniel	21	9	Sencillo	Pittsburgh	CHC @ PIT
1341	Jim Brewer	21	11	Sencillo	Pittsburgh	CHC @ PIT
1342	Johnny Podres	23	6	Sencillo	Los Ángeles	PIT @ LAD
1343	Johnny Podres	23	8	Sencillo	Los Ángeles	PIT @ LAD
1344	Don Drysdale	24	4	Sencillo	Los Ángeles	PIT @ LAD
1345	Sandy Koufax	25	1	Sencillo	Los Ángeles	PIT @ LAD
1346	Sandy Koufax	25	3	HR	Los Ángeles	PIT @ LAD
1347	Ron Perranoski	25	9	Sencillo	Los Ángeles	PIT @ LAD
1348	Jack Sanford	28	1	Sencillo	San Francisco	PIT @ SFG
1349	Jack Sanford	28	8	Sencillo	San Francisco	PIT @ SFG
1350	Gaylord Perry	29	1	Doble	San Francisco	PIT @ SFG
1351	Gaylord Perry	29	2	Sencillo	San Francisco	PIT @ SFG
1352	Jim Duffalo	29	5	Sencillo	San Francisco	PIT @ SFG
1353	Hal Brown	30	1	Sencillo	Houston	PIT @ HOU
1354	Jim Umbricht	30	3	Sencillo	Houston	PIT @ HOU
1355	Hal Woodeshick	31	7	Doble	Houston	PIT @ HOU
AGOSTO						
1356	John Tsitouris	3	4	Sencillo	Cincinnati	PIT @ CIN
1357	John Tsitouris	3	5	Doble	Cincinnati	PIT @ CIN
1358	Bob Purkey	4	1	Sencillo	Cincinnati	PIT @ CIN
1359	Bob Purkey	4	6	Sencillo	Cincinnati	PIT @ CIN
1360	Bob Purkey	4	8	Sencillo	Cincinnati	PIT @ CIN
1361	Joe Nuxhall	4	5	Sencillo	Cincinnati	PIT @ CIN
1362	Denny Lemaster	6	1	Sencillo	Pittsburgh	MLN @ PIT

HIT	LANZADOR	DÍA	ENTRADA	TIPO DE HIT	CIUDAD	EQUIPOS
1363	Denny Lemaster	6	7	Sencillo	Pittsburgh	MLN @ PIT
1364	Hank Fischer	7	6	Sencillo	Pittsburgh	MLN @ PIT
1365	Bob Bruce	9	1	Sencillo	Pittsburgh	HOU @ PIT
1366	Bob Bruce	9	3	Sencillo	Pittsburgh	HOU @ PIT
1367	Dick Drott	9	11	Sencillo	Pittsburgh	HOU @ PIT
1368	Don Nottebart	10	6	Triple	Pittsburgh	HOU @ PIT
1369	Hal Brown	11	7	Sencillo	Pittsburgh	HOU @ PIT
1370	Hal Brown	11	9	Sencillo	Pittsburgh	HOU @ PIT
1371	Turk Farrell	12	1	Sencillo	Pittsburgh	HOU @ PIT
1372	Galen Cisco	15	4	Sencillo	Nueva York	PIT @ NYM
1373	Ed Bauta	15	6	Doble	Nueva York	PIT @ NYM
1374	Chris Short	16	6	Sencillo	Pittsburgh	PHI @ PIT
1375	Dallas Green	17	3	HR	Pittsburgh	PHI @ PIT
1376	Dick Ellsworth	21	1	Sencillo	Chicago	PIT @ CHC
1377	Don Elston	22	9	HR	Chicago	PIT @ CHC
1378	Jack Baldschun	23	8	Sencillo	Filadelfia	PIT @ PHI
1379	Chris Short	24	1	Sencillo	Filadelfia	PIT @ PHI
1380	Chris Short	24	3	HR	Filadelfia	PIT @ PHI
1381	John Boozer	25	4	Sencillo	Filadelfia	PIT @ PHI
1382	Al Jackson	28	1	Sencillo	Pittsburgh	NYM @ PIT
1383	Al Jackson	28	3	HR	Pittsburgh	NYM @ PIT
1384	Ed Bauta	28	8	Sencillo	Pittsburgh	NYM @ PIT
1385	Roger Craig	29	1	Sencillo	Pittsburgh	NYM @ PIT
1386	Joe Nuxhall	30	8	Sencillo	Pittsburgh	CIN @ PIT

HIT	LANZADOR	DÍA	ENTRADA	TIPO DE HIT	CIUDAD	EQUIPOS
		SEPTIEMBRE				
1387	John Tsitouris	1	8	Triple	Pittsburgh	CIN @ PIT
1388	Bob Gibson	2	1	HR	San Luis	PIT @ STL
1389	Ron Taylor	2	1	Triple	San Luis	PIT @ STL
1390	Ron Taylor	2	3	Doble	San Luis	PIT @ STL
1391	Ray Sadecki	3	1	Sencillo	San Luis	PIT @ STL
1392	Ray Sadecki	3	5	Sencillo	San Luis	PIT @ STL
1393	Warren Spahn	4	4	Sencillo	Milwaukee	PIT @ MLN
1394	Bob Gibson	6	6	Sencillo	Pittsburgh	STL @ PIT
1395	Ernie Broglio	8	6	Sencillo	Pittsburgh	STL @ PIT
1396	Bobby Shantz	8	8	Sencillo	Pittsburgh	STL @ PIT
1397	Sandy Koufax	10	4	Sencillo	Pittsburgh	LAD @ PIT
1398	Sandy Koufax	10	6	Sencillo	Pittsburgh	LAD @ PIT
1399	Sandy Koufax	10	8	HR	Pittsburgh	LAD @ PIT
1400	Don Drysdale	11	4	Sencillo	Pittsburgh	LAD @ PIT
1401	Johnny Podres	12	4	Sencillo	Pittsburgh	LAD @ PIT
1402	Johnny Podres	12	6	Sencillo	Pittsburgh	LAD @ PIT
1403	Bobby Bolin	13	3	Sencillo	Pittsburgh	SFG @ PIT
1404	Bobby Bolin	13	5	Sencillo	Pittsburgh	SFG @ PIT
1405	Don Larsen	13	7	Sencillo	Pittsburgh	SFG @ PIT
1406	Bob Garibaldi	13	12	Sencillo	Pittsburgh	SFG @ PIT
1407	Jack Sandford	14	9	Sencillo	Pittsburgh	SFG @ PIT
1408	Larry Jackson	16	4	Doble	Pittsburgh	CHC @ PIT
1409	Glen Hobbie	17	7	Doble	Pittsburgh	CHC @ PIT

HIT	LANZADOR	DÍA	ENTRADA	TIPO DE HIT	CIUDAD	EQUIPOS
1410	Lindy McDaniel	17	8	Sencillo	Pittsburgh	CHC @ PIT
1411	Don Drysdale	20	4	Sencillo	Los Ángeles	PIT @ LAD
1412	Sandy Koufax	21	8	Sencillo	Los Ángeles	PIT @ LAD
1413	Bob Miller	22	9	Sencillo	Los Ángeles	PIT @ LAD
1414	Chris Zachary	24	3	Sencillo	Houston	PIT @ HOU
1415	Ken Johnson	25	4	Sencillo	Houston	PIT @ HOU
1416	Bobby Bolin	27	1	Sencillo	San Francisco	PIT @ SFG
1417	Bobby Bolin	27	3	Sencillo	San Francisco	PIT @ SFG
1418	Frank Linzy	27	7	Sencillo	San Francisco	PIT @ SFG
1419	Al Stanek	27	9	Sencillo	San Francisco	PIT @ SFG
1420	Jack Sanford	29	1	Sencillo	San Francisco	PIT @ SFG
1421	Jack Sanford	29	4	Sencillo	San Francisco	PIT @ SFG
1422	Jack Sanford	29	9	HR	San Francisco	PIT @ SFG

RESUMEN · TEMPORADA 1963

21 de julio	Clemente se convirtió en el primer puertorriqueño en batear para triple play.
22 de agosto	Clemente conectó el sexto jonrón con las bases llenas de su carrera.

Clemente conectó hit en ambos partidos de un doble juego los siguientes días: 12 de mayo, 5, 9 y 16 de junio, 4, 16 y 21 de julio, 4 de agosto y 2 de septiembre.

29 de sept	Clemente finalizó su quinta temporada con un promedio ofensivo de .300.

Clemente compartiendo con amigos. (1972)

TEMPORADA DE 1964

HIT	LANZADOR	DÍA	ENTRADA	TIPO DE HIT	CIUDAD	EQUIPOS
		ABRIL				
1423	Larry Jackson	14	4	Sencillo	Pittsburgh	CHC @ PIT
1424	Lindy McDaniel	14	10	Doble	Pittsburgh	CHC @ PIT
1425	Fred Norman	15	1	Sencillo	Pittsburgh	CHC @ PIT
1426	Fred Norman	15	3	Sencillo	Pittsburgh	CHC @ PIT
1427	Jack Fisher	17	3	Sencillo	Nueva York	PIT @ NYM
1428	Jack Fisher	17	5	Sencillo	Nueva York	PIT @ NYM
1429	Jack Fisher	17	7	Sencillo	Nueva York	PIT @ NYM
1430	Larry Bearnarth	18	5	Sencillo	Nueva York	PIT @ NYM
1431	Jerry Hinsley	18	6	Triple	Nueva York	PIT @ NYM
1432	Al Jackson	19	4	Doble	Nueva York	PIT @ NYM
1433	Fred Norman	21	4	HR	Chicago	PIT @ CHC
1434	Art Mahaffey	23	2	Doble	Filadelfia	PIT @ PHI
1435	Al Jackson	24	3	Sencillo	Pittsburgh	NYM @ PIT
1436	Al Jackson	24	5	Doble	Pittsburgh	NYM @ PIT
1437	Larry Bearnarth	25	7	Sencillo	Pittsburgh	NYM @ PIT
1438	Bill Wakefield	26	7	Sencillo	Pittsburgh	NYM @ PIT
1439	Larry Bearnarth	26	9	Sencillo	Pittsburgh	NYM @ PIT
1440	Tracy Stallard	26	9	Sencillo	Pittsburgh	NYM @ PIT
1441	Denny Lemaster	28	1	Sencillo	Milwaukee	PIT @ MLN
1442	Phil Niekro	28	2	Sencillo	Milwaukee	PIT @ MLN
1443	Bobby Tiefenauer	28	7	Doble	Milwaukee	PIT @ MLN

HIT	LANZADOR	DÍA	ENTRADA	TIPO DE HIT	CIUDAD	EQUIPOS
			MAYO			
1444	Roger Craig	1	8	Sencillo	San Luis	PIT @ STL
1445	Curt Simmons	2	3	Sencillo	San Luis	PIT @ STL
1446	Ernie Broglio	3	5	Doble	San Luis	PIT @ STL
1447	Ray Sadecki	3	6	Doble	San Luis	PIT @ STL
1448	Joey Jay	4	8	Sencillo	Cincinnati	PIT @ CIN
1449	Joe Nuxhall	5	1	Sencillo	Cincinnati	PIT @ CIN
1450	Joe Nuxhall	5	3	Doble	Cincinnati	PIT @ CIN
1451	Ray Sadecki	6	7	Sencillo	Pittsburgh	STL @ PIT
1452	Ray Sadecki	6	9	Doble	Pittsburgh	STL @ PIT
1453	Curt Simmons	7	1	HR	Pittsburgh	STL @ PIT
1454	Curt Simmons	7	3	Sencillo	Pittsburgh	STL @ PIT
1455	Curt Simmons	7	6	Sencillo	Pittsburgh	STL @ PIT
1456	Tony Cloninger	8	1	Sencillo	Pittsburgh	MLN @ PIT
1457	Tony Cloninger	8	5	Triple	Pittsburgh	MLN @ PIT
1458	Denny Lemaster	9	1	Sencillo	Pittsburgh	MLN @ PIT
1459	Billy Hoeft	9	7	Sencillo	Pittsburgh	MLN @ PIT
1460	Warren Spahn	10	4	Sencillo	Pittsburgh	MLN @ PIT
1461	Warren Spahn	10	5	Sencillo	Pittsburgh	MLN @ PIT
1462	Bob Sadowski	10	1	HR	Pittsburgh	MLN @ PIT
1463	Bobby Tiefenauer	10	8	Sencillo	Pittsburgh	MLN @ PIT
1464	Jim Maloney	12	6	Sencillo	Pittsburgh	CIN @ PIT
1465	Nick Willhite	16	6	Doble	Los Ángeles	PIT @ LAD
1466	Bob Miller	16	7	Doble	Los Ángeles	PIT @ LAD

HIT	LANZADOR	DÍA	ENTRADA	TIPO DE HIT	CIUDAD	EQUIPOS
1467	Sandy Koufax	17	1	Triple	Los Ángeles	PIT @ LAD
1468	Sandy Koufax	17	6	Sencillo	Los Ángeles	PIT @ LAD
1469	Sandy Koufax	17	8	Doble	Los Ángeles	PIT @ LAD
1470	Jim Brewer	17	2	Sencillo	Los Ángeles	PIT @ LAD
1471	Don Drysdale	18	1	Sencillo	Los Ángeles	PIT @ LAD
1472	Don Drysdale	18	6	Sencillo	Los Ángeles	PIT @ LAD
1473	Ron Perranoski	18	9	Sencillo	Los Ángeles	PIT @ LAD
1474	Gaylord Perry	23	3	Sencillo	San Francisco	PIT @ SFG
1475	Gaylord Perry	23	7	HR	San Francisco	PIT @ SFG
1476	Jack Sanford	24	3	Sencillo	San Francisco	PIT @ SFG
1477	Bob Shaw	24	1	Sencillo	San Francisco	PIT @ SFG
1478	Billy Pierce	24	9	Sencillo	San Francisco	PIT @ SFG
1479	Chris Short	26	1	Doble	Pittsburgh	PHI @ PIT
1480	Dallas Green	26	2	Triple	Pittsburgh	PHI @ PIT
1481	Ray Culp	26	5	Sencillo	Pittsburgh	PHI @ PIT
1482	Ray Culp	26	7	Sencillo	Pittsburgh	PHI @ PIT
1483	Dennis Bennett	28	1	Doble	Pittsburgh	PHI @ PIT
1484	Dennis Bennett	28	3	Sencillo	Pittsburgh	PHI @ PIT
1485	Jack Baldschun	28	8	Sencillo	Pittsburgh	PHI @ PIT
1486	Joe Moeller	29	9	Sencillo	Pittsburgh	LAD @ PIT
1487	Don Drysdale	30	3	Sencillo	Pittsburgh	LAD @ PIT
1488	Don Drysdale	30	7	Sencillo	Pittsburgh	LAD @ PIT
1489	Sandy Koufax	31	3	HR	Pittsburgh	LAD @ PIT

HIT	LANZADOR	DÍA	ENTRADA	TIPO DE HIT	CIUDAD	EQUIPOS
			JUNIO			
1490	Bob Hendley	2	6	Sencillo	Pittsburgh	SFG @ PIT
1491	Gaylord Perry	4	5	Sencillo	Pittsburgh	SFG @ PIT
1492	Gordon Jones	5	9	Sencillo	Pittsburgh	HOU @ PIT
1493	Ken Johnson	7	1	Sencillo	Pittsburgh	HOU @ PIT
1494	Ray Culp	9	3	Sencillo	Filadelfia	PIT @ PHI
1495	Dallas Green	9	7	Doble	Filadelfia	PIT @ PHI
1496	Chris Short	10	6	Sencillo	Filadelfia	PIT @ PHI
1497	Bob Buhl	12	9	Doble	Chicago	PIT @ CHC
1498	Lew Burdette	13	1	Sencillo	Chicago	PIT @ CHC
1499	Lew Burdette	13	3	Sencillo	Chicago	PIT @ CHC
1500	Lew Burdette	13	5	Sencillo	Chicago	PIT @ CHC
1501	Dick Ellsworth	14	4	Doble	Chicago	PIT @ CHC
1502	Dick Ellsworth	14	9	Sencillo	Chicago	PIT @ CHC
1503	Al Jackson	18	5	Sencillo	Pittsburgh	NYM @ PIT
1504	Tom Sturdivant	18	7	Sencillo	Pittsburgh	NYM @ PIT
1505	Cal Willey	23	3	Doble	Nueva York	PIT @ NYM
1506	Galen Cisco	24	3	Sencillo	Nueva York	PIT @ NYM
1507	Jack Fisher	25	1	Triple	Nueva York	PIT @ NYM
1508	Frank Lary	25	9	Sencillo	Nueva York	PIT @ NYM
1509	Joey Jay	26	1	Doble	Pittsburgh	CIN @ PIT
1510	Joey Jay	26	4	Sencillo	Pittsburgh	CIN @ PIT
1511	Ryne Duren	26	7	Doble	Pittsburgh	CIN @ PIT

HIT	LANZADOR	DÍA	ENTRADA	TIPO DE HIT	CIUDAD	EQUIPOS
1512	Bob Purkey	27	1	Sencillo	Pittsburgh	CIN @ PIT
1513	Bob Purkey	27	8	Doble	Pittsburgh	CIN @ PIT
1514	John Tsitouris	28	7	Sencillo	Pittsburgh	CIN @ PIT
1515	John Tsitouris	28	9	Sencillo	Pittsburgh	CIN @ PIT
1516	Jim Maloney	28	7	Sencillo	Pittsburgh	CIN @ PIT
1517	Sammy Ellis	28	9	Sencillo	Pittsburgh	CIN @ PIT
1518	Ron Perranoski	29	9	Sencillo	Los Ángeles	PIT @ LAD
JULIO						
1519	Juan Marichal	1	5	Sencillo	San Francisco	PIT @ SFG
1520	Juan Marichal	1	8	Sencillo	San Francisco	PIT @ SFG
1521	Bob Hendley	2	4	Doble	San Francisco	PIT @ SFG
1522	Bob Bruce	4	7	Sencillo	Houston	PIT @ HOU
1523	Turk Farrell	5	1	Sencillo	Houston	PIT @ HOU
1524	Turk Farrell	5	8	Sencillo	Houston	PIT @ HOU
1525	Jim Maloney	8	3	Triple	Pittsburgh	CIN @ PIT
1526	Jim Maloney	8	6	Sencillo	Pittsburgh	CIN @ PIT
1527	Ryne Duren	8	7	Sencillo	Pittsburgh	CIN @ PIT
1528	Tony Cloninger	10	1	Sencillo	Pittsburgh	MLN @ PIT
1529	Bobby Tiefenauer	11	8	Sencillo	Pittsburgh	MLN @ PIT
1530	Tony Cloninger	11	11	Sencillo	Pittsburgh	MLN @ PIT
1531	Roger Craig	13	4	Doble	Pittsburgh	STL @ PIT
1532	Cal McLish	14	1	Doble	Pittsburgh	PHI @ PIT
1533	Jack Baldschun	15	8	Sencillo	Pittsburgh	PHI @ PIT

HIT	LANZADOR	DÍA	ENTRADA	TIPO DE HIT	CIUDAD	EQUIPOS
1534	Art Mahaffey	16	3	Sencillo	Pittsburgh	PHI @ PIT
1535	Art Mahaffey	16	7	Sencillo	Pittsburgh	PHI @ PIT
1536	Warren Spahn	18	1	Sencillo	Milwaukee	PIT @ MLN
1537	Warren Spahn	18	3	Doble	Milwaukee	PIT @ MLN
1538	Bob Sadowski	18	9	Sencillo	Milwaukee	PIT @ MLN
1539	Denny Lemaster	19	1	Sencillo	Milwaukee	PIT @ MLN
1540	Denny Lemaster	19	5	HR	Milwaukee	PIT @ MLN
1541	Ray Sadecki	21	1	Sencillo	San Luis	PIT @ STL
1542	Ray Sadecki	21	5	Sencillo	San Luis	PIT @ STL
1543	Ron Taylor	21	6	Sencillo	San Luis	PIT @ STL
1544	Roger Craig	22	1	Sencillo	San Luis	PIT @ STL
1545	Ray Washburn	22	7	Sencillo	San Luis	PIT @ STL
1546	Miguel Cuéllar	23	1	Sencillo	San Luis	PIT @ STL
1547	Glen Hobbie	23	6	Sencillo	San Luis	PIT @ STL
1548	Joe Nuxhall	25	3	Sencillo	Cincinnati	PIT @ CIN
1549	Ryne Duren	25	7	Sencillo	Cincinnati	PIT @ CIN
1550	Joey Jay	26	8	Sencillo	Cincinnati	PIT @ CIN
1551	John Tsitouris	26	5	Sencillo	Cincinnati	PIT @ CIN
1552	Turk Farrell	29	1	Sencillo	Pittsburgh	HOU @ PIT
1553	Gordon Jones	29	7	Sencillo	Pittsburgh	HOU @ PIT
1554	Bob Bruce	30	4	Sencillo	Pittsburgh	HOU @ PIT
1555	Jim Owens	30	6	Sencillo	Pittsburgh	HOU @ PIT
1556	Danny Coombs	30	7	Sencillo	Pittsburgh	HOU @ PIT
1557	Bobby Bolin	31	3	Sencillo	Pittsburgh	SFG @ PIT

HIT	LANZADOR	DÍA	ENTRADA	TIPO DE HIT	CIUDAD	EQUIPOS

HIT	LANZADOR	DÍA	ENTRADA	TIPO DE HIT	CIUDAD	EQUIPOS
			AGOSTO			
1558	Ron Herbel	1	3	Doble	Pittsburgh	SFG @ PIT
1559	Ron Herbel	1	4	Sencillo	Pittsburgh	SFG @ PIT
1560	John Pregenzer	1	6	Sencillo	Pittsburgh	SFG @ PIT
1561	Bob Hendley	2	6	Sencillo	Pittsburgh	SFG @ PIT
1562	Bobby Bolin	3	4	Sencillo	Pittsburgh	SFG @ PIT
1563	Joe Moeller	4	1	Doble	Pittsburgh	LAD @ PIT
1564	Ron Perranoski	4	7	Sencillo	Pittsburgh	LAD @ PIT
1565	Ron Perranoski	4	9	Sencillo	Pittsburgh	LAD @ PIT
1566	Don Drysdale	5	6	Sencillo	Pittsburgh	LAD @ PIT
1567	Don Drysdale	5	8	Doble	Pittsburgh	LAD @ PIT
1568	Bob Miller	5	9	Sencillo	Pittsburgh	LAD @ PIT
1569	Don Elston	9	8	Sencillo	Pittsburgh	CHC @ PIT
1570	Jack Fisher	11	1	Sencillo	Pittsburgh	NYM @ PIT
1571	Jack Fisher	11	3	Sencillo	Pittsburgh	NYM @ PIT
1572	Dennis Ribant	12	3	Sencillo	Pittsburgh	NYM @ PIT
1573	Dennis Ribant	12	5	Sencillo	Pittsburgh	NYM @ PIT
1574	Dick Ellsworth	15	1	HR	Chicago	PIT @ CHC
1575	Dick Ellsworth	15	5	Sencillo	Chicago	PIT @ CHC
1576	Sterling Slaughter	16	1	Sencillo	Chicago	PIT @ CHC
1577	Dennis Ribant	17	4	Sencillo	Nueva York	PIT @ NYM
1578	Al Jackson	18	8	Sencillo	Filadelfia	PIT @ PHI
1579	Art Mahaffey	20	9	Sencillo	Filadelfia	PIT @ PHI
1580	Rick Wise	20	1	Sencillo	Filadelfia	PIT @ PHI

HIT	LANZADOR	DÍA	ENTRADA	TIPO DE HIT	CIUDAD	EQUIPOS
1581	Rick Wise	20	3	Sencillo	Filadelfia	PIT @ PHI
1582	Dennis Bennett	22	1	Doble	Filadelfia	PIT @ PHI
1583	Dennis Bennett	22	3	Doble	Filadelfia	PIT @ PHI
1584	Ray Culp	22	5	Doble	Filadelfia	PIT @ PHI
1585	Jim Bunning	23	1	HR	Filadelfia	PIT @ PHI
1586	Jim Bunning	23	6	Sencillo	Filadelfia	PIT @ PHI
1587	John Boozer	23	8	Sencillo	Filadelfia	PIT @ PHI
1588	Bob Gibson	24	8	Sencillo	San Luis	PIT @ STL
1589	Curt Simmons	25	3	Sencillo	San Luis	PIT @ STL
1590	Curt Simmons	25	5	Sencillo	San Luis	PIT @ STL
1591	Barney Schultz	25	7	Sencillo	San Luis	PIT @ STL
1592	Miguel Cuéllar	26	7	Sencillo	San Luis	PIT @ STL
1593	Jim Bunning	28	1	Sencillo	Pittsburgh	PHI @ PIT
1594	Art Mahaffey	29	8	Sencillo	Pittsburgh	PHI @ PIT
1595	John Boozer	29	9	Sencillo	Pittsburgh	PHI @ PIT
1596	Chris Short	30	1	Doble	Pittsburgh	PHI @ PIT
1597	Dennis Bennett	30	7	Sencillo	Pittsburgh	PHI @ PIT
SEPTIEMBRE						
1598	Ron Perranoski	2	8	Doble	Pittsburgh	LAD @ PIT
1599	Danny Coombs	4	6	Sencillo	Pittsburgh	HOU @ PIT
1600	Turk Farrell	4	8	Sencillo	Pittsburgh	HOU @ PIT
1601	Gordon Jones	5	8	Sencillo	Pittsburgh	HOU @ PIT
1602	Gaylord Perry	7	1	Doble	Pittsburgh	SFG @ PIT

HIT	LANZADOR	DÍA	ENTRADA	TIPO DE HIT	CIUDAD	EQUIPOS
1603	Jim Duffalo	7	9	HR	Pittsburgh	SFG @ PIT
1604	Ron Herbel	7	3	Sencillo	Pittsburgh	SFG @ PIT
1605	Bobby Bolin	7	4	Sencillo	Pittsburgh	SFG @ PIT
1606	Bobby Bolin	7	8	Sencillo	Pittsburgh	SFG @ PIT
1607	Joey Jay	9	1	Doble	Pittsburgh	CIN @ PIT
1608	Joey Jay	9	4	Sencillo	Pittsburgh	CIN @ PIT
1609	Don Nottebart	11	1	Sencillo	Houston	PIT @ HOU
1610	Don Nottebart	11	3	Doble	Houston	PIT @ HOU
1611	Jim Owens	13	9	Doble	Houston	PIT @ HOU
1612	Howie Reed	14	1	Doble	Los Ángeles	PIT @ LAD
1613	Larry Miller	15	1	Sencillo	Los Ángeles	PIT @ LAD
1614	Larry Miller	15	6	Sencillo	Los Ángeles	PIT @ LAD
1615	Bob Miller	15	9	Sencillo	Los Ángeles	PIT @ LAD
1616	Phil Ortega	16	1	Sencillo	Los Ángeles	PIT @ LAD
1617	Dick Estelle	18	4	Sencillo	San Francisco	PIT @ SFG
1618	Dick Estelle	18	6	HR	San Francisco	PIT @ SFG
1619	Bob Shaw	18	8	Doble	San Francisco	PIT @ SFG
1620	Juan Marichal	19	8	HR	San Francisco	PIT @ SFG
1621	Denny Lemaster	22	4	Sencillo	Pittsburgh	MLN @ PIT
1622	Denny Lemaster	22	6	Sencillo	Pittsburgh	MLN @ PIT
1623	Denny Lemaster	22	8	Sencillo	Pittsburgh	MLN @ PIT
1624	Tony Cloninger	23	2	Sencillo	Pittsburgh	MLN @ PIT
1625	Bob Gibson	24	8	Sencillo	Pittsburgh	STL @ PIT

HIT	LANZADOR	DÍA	ENTRADA	TIPO DE HIT	CIUDAD	EQUIPOS
1626	Gordie Richardson	25	6	Triple	Pittsburgh	STL @ PIT
1627	Ron Taylor	25	8	Sencillo	Pittsburgh	STL @ PIT
1628	Curt Simmons	26	3	Sencillo	Pittsburgh	STL @ PIT
1629	Roger Craig	27	1	Sencillo	Pittsburgh	STL @ PIT
1630	Billy McCool	29	9	Doble	Cincinnati	PIT @ CIN
OCTUBRE						
1631	Bob Purkey	1	5	Sencillo	Cincinnati	PIT @ CIN
1632	Dan Schneider	2	3	HR	Milwaukee	PIT @ MLN
1633	Arnold Umbach	3	8	Sencillo	Milwaukee	PIT @ MLN

RESUMEN · TEMPORADA 1964

17 de abril — Clemente se convirtió en el primer puertorriqueño en conectar un hit en el Shea Stadium de Nueva York.

18 de abril — Clemente se convirtió en el primer jugador en conectar un triple en el Shea Stadium de Nueva York.

21 de abril — Clemente se convirtió en el primer puertorriqueño en ser embasado intencionalmente en tres ocasiones en un mismo juego.

3 al 10 de mayo — **Clemente anotó una carrera en nueve juegos consecutivos.** (marca personal)

31 de mayo — Clemente conectó un jonrón de 485 pies.

31 de mayo — Clemente finalizó mayo con su mayor cantidad de hits en un mes calendario. (46 hits)

Clemente conectó hit en ambos partidos de un doble juego los siguientes días: 26 de abril, 10, 17 y 24 de mayo, 28 de junio, 26 y 30 de julio, 20 de agosto y 7 de septiembre.

3 de octubre — Clemente finalizó su sexta temporada con un promedio ofensivo de .300.

Clemente arribando al Aeropuerto de Isla Grande. Lo entrevista Ramiro Martínez. (1965)

TEMPORADA DE 1965

HIT	LANZADOR	DÍA	ENTRADA	TIPO DE HIT	CIUDAD	EQUIPOS
ABRIL						
1634	Jack Sanford	13	7	Sencillo	Pittsburgh	SFG @ PIT
1635	Jim Owens	17	10	Sencillo	Pittsburgh	HOU @ PIT
1636	Bob Bruce	18	1	Sencillo	Pittsburgh	HOU @ PIT
1637	Bob Bruce	18	6	Sencillo	Pittsburgh	HOU @ PIT
1638	Don Larsen	18	1	Triple	Pittsburgh	HOU @ PIT
1639	Don Larsen	18	5	Sencillo	Pittsburgh	HOU @ PIT
1640	Bobby Bolin	20	1	Sencillo	San Francisco	PIT @ SFG
1641	Bobby Bolin	20	5	Sencillo	San Francisco	PIT @ SFG
1642	Juan Marichal	21	3	Sencillo	San Francisco	PIT @ SFG
1643	Juan Marichal	21	8	Sencillo	San Francisco	PIT @ SFG
1644	Turk Farrell	24	1	Sencillo	Houston	PIT @ HOU
1645	Dave Giusti	26	1	Sencillo	Houston	PIT @ HOU
1646	Johnny Podres	27	1	Sencillo	Los Ángeles	PIT @ LAD
1647	Johnny Podres	27	3	Sencillo	Los Ángeles	PIT @ LAD
1648	Johnny Podres	27	5	Sencillo	Los Ángeles	PIT @ LAD
1649	Bob Miller	27	7	Sencillo	Los Ángeles	PIT @ LAD
1650	Claude Osteen	28	6	Sencillo	Los Ángeles	PIT @ LAD
1651	Ray Sadecki	30	1	Sencillo	San Luis	PIT @ STL

HIT	LANZADOR	DÍA	ENTRADA	TIPO DE HIT	CIUDAD	EQUIPOS
MAYO						
1652	Joey Jay	9	3	Sencillo	Pittsburgh	CIN @ PIT
1653	Gerry Arrigo	9	7	Sencillo	Pittsburgh	CIN @ PIT
1654	Wade Blasingame	11	1	Sencillo	Pittsburgh	MLN @ PIT
1655	Wade Blasingame	11	3	Sencillo	Pittsburgh	MLN @ PIT
1656	Denny Lemaster	12	1	Sencillo	Pittsburgh	MLN @ PIT
1657	Denny Lemaster	12	3	Triple	Pittsburgh	MLN @ PIT
1658	Denny Lemaster	12	8	Sencillo	Pittsburgh	MLN @ PIT
1659	Ray Sadecki	14	6	Sencillo	Pittsburgh	STL @ PIT
1660	Bob Gibson	16	6	Sencillo	Pittsburgh	STL @ PIT
1661	Tony Cloninger	22	1	Sencillo	Milwaukee	PIT @ MLN
1662	Tony Cloninger	22	6	Sencillo	Milwaukee	PIT @ MLN
1663	Tony Cloninger	22	7	Doble	Milwaukee	PIT @ MLN
1664	Bob Sadowski	23	4	Sencillo	Milwaukee	PIT @ MLN
1665	Bob Sadowski	23	5	Sencillo	Milwaukee	PIT @ MLN
1666	Phil Niekro	23	9	Sencillo	Milwaukee	PIT @ MLN
1667	Lew Burdette	24	1	Sencillo	Pittsburgh	CHC @ PIT
1668	Lew Burdette	24	5	Sencillo	Pittsburgh	CHC @ PIT
1669	Ernie Broglio	24	7	Sencillo	Pittsburgh	CHC @ PIT
1670	Ernie Broglio	24	8	Sencillo	Pittsburgh	CHC @ PIT
1671	Ted Abernathy	25	9	Doble	Pittsburgh	CHC @ PIT
1672	Warren Spahn	28	1	Sencillo	Nueva York	PIT @ NYM
1673	Warren Spahn	28	6	Doble	Nueva York	PIT @ NYM

HIT	LANZADOR	DÍA	ENTRADA	TIPO DE HIT	CIUDAD	EQUIPOS
1674	Jim Bethke	28	9	Sencillo	Nueva York	PIT @ NYM
1675	Frank Lary	29	1	Triple	Nueva York	PIT @ NYM
1676	Frank Lary	29	3	Sencillo	Nueva York	PIT @ NYM
1677	Frank Lary	29	6	Doble	Nueva York	PIT @ NYM
1678	Frank Lary	29	7	Sencillo	Nueva York	PIT @ NYM
1679	Al Jackson	30	8	Sencillo	Nueva York	PIT @ NYM
1680	Tug McGraw	30	9	Doble	Nueva York	PIT @ NYM
1681	Tom Parsons	30	3	Sencillo	Nueva York	PIT @ NYM
1682	Galen Cisco	30	9	Sencillo	Nueva York	PIT @ NYM
			JUNIO			
1683	Galen Cisco	3	3	Sencillo	Pittsburgh	NYM @ PIT
1684	Galen Cisco	3	8	Triple	Pittsburgh	NYM @ PIT
1685	Jim Bethke	5	2	Triple	Pittsburgh	NYM @ PIT
1686	Larry Miller	5	8	Sencillo	Pittsburgh	NYM @ PIT
1687	Al Jackson	6	1	Doble	Pittsburgh	NYM @ PIT
1688	Al Jackson	6	6	Doble	Pittsburgh	NYM @ PIT
1689	Tom Parsons	6	7	Triple	Pittsburgh	NYM @ PIT
1690	Warren Spahn	6	6	HR	Pittsburgh	NYM @ PIT
1691	Turk Farrell	8	5	Sencillo	Pittsburgh	HOU @ PIT
1692	Jim Owens	8	9	Sencillo	Pittsburgh	HOU @ PIT
1693	Don Nottebart	9	3	Sencillo	Pittsburgh	HOU @ PIT
1694	Danny Coombs	9	6	Sencillo	Pittsburgh	HOU @ PIT
1695	Ken Mackenzie	9	8	Sencillo	Pittsburgh	HOU @ PIT

HIT	LANZADOR	DÍA	ENTRADA	TIPO DE HIT	CIUDAD	EQUIPOS
1696	Bob Bruce	10	1	Sencillo	Pittsburgh	HOU @ PIT
1697	Jack Sanford	11	8	Sencillo	Pittsburgh	SFG @ PIT
1698	Bob Shaw	12	4	Sencillo	Pittsburgh	SFG @ PIT
1699	Gaylord Perry	13	1	Sencillo	Pittsburgh	SFG @ PIT
1700	Ron Taylor	14	8	Sencillo	San Luis	PIT @ STL
1701	Ray Sadecki	15	6	Sencillo	San Luis	PIT @ STL
1702	Barney Schultz	15	9	Sencillo	San Luis	PIT @ STL
1703	Ray Washburn	16	3	Sencillo	San Luis	PIT @ STL
1704	Bob Shaw	20	1	Sencillo	San Francisco	PIT @ SFG
1705	Jack Sanford	23	1	Triple	San Francisco	PIT @ SFG
1706	Don Drysdale	24	3	Sencillo	Los Ángeles	PIT @ LAD
1707	Nick Willhite	24	4	Sencillo	Los Ángeles	PIT @ LAD
1708	John Purdin	24	6	Sencillo	Los Ángeles	PIT @ LAD
1709	Sandy Koufax	25	6	Sencillo	Los Ángeles	PIT @ LAD
1710	Howie Reed	26	9	Doble	Los Ángeles	PIT @ LAD
1711	Johnny Podres	27	5	Doble	Los Ángeles	PIT @ LAD
1712	Jim O´Toole	28	7	Sencillo	Pittsburgh	CIN @ PIT
1713	Billy McCool	29	16	Sencillo	Pittsburgh	CIN @ PIT
1714	Joe Nuxhall	29	4	Triple	Pittsburgh	CIN @ PIT
1715	Roger Craig	29	9	Sencillo	Pittsburgh	CIN @ PIT
1716	Ray Washburn	30	1	Sencillo	Pittsburgh	STL @ PIT

HIT	LANZADOR	DÍA	ENTRADA	TIPO DE HIT	CIUDAD	EQUIPOS
			JULIO			
1717	Curt Simmons	1	1	Sencillo	Pittsburgh	STL @ PIT
1718	Don Dennis	1	7	Sencillo	Pittsburgh	STL @ PIT
1719	Tony Cloninger	2	1	Sencillo	Pittsburgh	MLN @ PIT
1720	Tony Cloninger	2	3	Doble	Pittsburgh	MLN @ PIT
1721	Dave Eilers	2	7	Triple	Pittsburgh	MLN @ PIT
1722	Phil Niekro	3	4	Doble	Pittsburgh	MLN @ PIT
1723	Phil Niekro	3	6	Triple	Pittsburgh	MLN @ PIT
1724	Dave Eilers	3	8	Sencillo	Pittsburgh	MLN @ PIT
1725	Hank Fischer	4	1	Sencillo	Pittsburgh	MLN @ PIT
1726	Jim Bunning	5	8	Sencillo	Filadelfia	PIT @ PHI
1727	Art Mahaffey	5	1	Doble	Filadelfia	PIT @ PHI
1728	Gary Wagner	5	8	Sencillo	Filadelfia	PIT @ PHI
1729	Ray Culp	6	1	Sencillo	Filadelfia	PIT @ PHI
1730	Ray Culp	6	5	Sencillo	Filadelfia	PIT @ PHI
1731	Chris Short	7	9	Sencillo	Filadelfia	PIT @ PHI
1732	Howie Reed	8	7	Sencillo	Pittsburgh	LAD @ PIT
1733	Johnny Podres	9	3	Sencillo	Pittsburgh	LAD @ PIT
1734	Nick Willhite	9	5	HR	Pittsburgh	LAD @ PIT
1735	Ron Perranoski	9	7	Sencillo	Pittsburgh	LAD @ PIT
1736	Don Drysdale	10	1	Sencillo	Pittsburgh	LAD @ PIT
1737	Don Drysdale	10	5	Doble	Pittsburgh	LAD @ PIT
1738	Claude Osteen	11	1	Sencillo	Pittsburgh	LAD @ PIT

HIT	LANZADOR	DÍA	ENTRADA	TIPO DE HIT	CIUDAD	EQUIPOS
1739	Claude Osteen	11	6	Sencillo	Pittsburgh	LAD @ PIT
1740	Ken Johnson	15	1	Sencillo	Milwaukee	PIT @ MLN
1741	Wade Blasingame	16	7	Sencillo	Milwaukee	PIT @ MLN
1742	Billy O´Dell	17	8	Sencillo	Milwaukee	PIT @ MLN
1743	Roger Craig	18	8	Doble	Cincinnati	PIT @ CIN
1744	Joey Jay	18	6	Sencillo	Cincinnati	PIT @ CIN
1745	Joey Jay	18	8	Sencillo	Cincinnati	PIT @ CIN
1746	Joe Nuxhall	19	1	Doble	Cincinnati	PIT @ CIN
1747	Joe Nuxhall	19	8	Sencillo	Cincinnati	PIT @ CIN
1748	Sammy Ellis	20	6	HR	Cincinnati	PIT @ CIN
1749	Jim O´Toole	20	7	Sencillo	Cincinnati	PIT @ CIN
1750	Dick Ellsworth	23	1	Sencillo	Chicago	PIT @ CHC
1751	Lindy McDaniel	23	7	Sencillo	Chicago	PIT @ CHC
1752	Ernie Broglio	23	9	Sencillo	Chicago	PIT @ CHC
1753	Larry Jackson	24	5	HR	Chicago	PIT @ CHC
1754	Lindy McDaniel	24	6	Sencillo	Chicago	PIT @ CHC
1755	Cal Koonce	25	3	Sencillo	Chicago	PIT @ CHC
1756	Bill Faul	25	7	Sencillo	Chicago	PIT @ CHC
1757	Ray Herbert	27	1	Sencillo	Pittsburgh	PHI @ PIT
1758	Ray Herbert	27	3	Sencillo	Pittsburgh	PHI @ PIT
1759	Jim Bunning	28	4	Sencillo	Pittsburgh	PHI @ PIT
1760	Jack Baldschun	28	9	Sencillo	Pittsburgh	PHI @ PIT
1761	Ernie Broglio	30	3	Sencillo	Pittsburgh	CHC @ PIT
1762	Ernie Broglio	30	5	Sencillo	Pittsburgh	CHC @ PIT

HIT	LANZADOR	DÍA	ENTRADA	TIPO DE HIT	CIUDAD	EQUIPOS
	**AGOSTO**					
1763	Dick Ellsworth	1	1	Doble	Pittsburgh	CHC @ PIT
1764	Dick Ellsworth	1	3	Sencillo	Pittsburgh	CHC @ PIT
1765	Larry Jackson	1	5	Sencillo	Pittsburgh	CHC @ PIT
1766	Larry Jackson	1	7	Sencillo	Pittsburgh	CHC @ PIT
1767	Galen Cisco	3	5	Sencillo	Nueva York	PIT @ NYM
1768	Larry Miller	3	7	Triple	Nueva York	PIT @ NYM
1769	Jack Fisher	4	1	Sencillo	Nueva York	PIT @ NYM
1770	Al Jackson	5	7	Doble	Nueva York	PIT @ NYM
1771	Gordie Richardson	5	8	Sencillo	Nueva York	PIT @ NYM
1772	Gordie Richardson	5	9	HR	Nueva York	PIT @ NYM
1773	Ray Culp	7	3	HR	Filadelfia	PIT @ PHI
1774	Art Mahaffey	7	5	Sencillo	Filadelfia	PIT @ PHI
1775	Chris Short	8	3	Sencillo	Filadelfia	PIT @ PHI
1776	Chris Short	8	5	Sencillo	Filadelfia	PIT @ PHI
1777	Juan Marichal	10	4	Sencillo	San Francisco	PIT @ SFG
1778	Juan Marichal	10	7	Triple	San Francisco	PIT @ SFG
1779	Bob Shaw	12	4	Sencillo	San Francisco	PIT @ SFG
1780	Bob Shaw	12	5	Sencillo	San Francisco	PIT @ SFG
1781	Gaylord Perry	12	5	Sencillo	San Francisco	PIT @ SFG
1782	Jack Sanford	12	9	Sencillo	San Francisco	PIT @ SFG
1783	Turk Farrell	17	3	Sencillo	Houston	PIT @ HOU
1784	Wade Blasingame	20	6	HR	Pittsburgh	MLN @ PIT
1785	Denny Lemaster	21	1	Sencillo	Pittsburgh	MLN @ PIT

HIT	LANZADOR	DÍA	ENTRADA	TIPO DE HIT	CIUDAD	EQUIPOS
1786	Bob Sadowski	21	5	Sencillo	Pittsburgh	MLN @ PIT
1787	Tony Cloninger	22	1	Sencillo	Pittsburgh	MLN @ PIT
1788	Warren Spahn	23	1	Triple	Pittsburgh	SFG @ PIT
1789	Warren Spahn	23	4	Sencillo	Pittsburgh	SFG @ PIT
1790	Warren Spahn	23	5	Sencillo	Pittsburgh	SFG @ PIT
1791	Gaylord Perry	23	8	Sencillo	Pittsburgh	SFG @ PIT
1792	Bob Shaw	24	7	Doble	Pittsburgh	SFG @ PIT
1793	Bobby Bolin	25	3	Triple	Pittsburgh	SFG @ PIT
1794	Bobby Bolin	25	8	Sencillo	Pittsburgh	SFG @ PIT
1795	Ron Herbel	26	5	Sencillo	Pittsburgh	SFG @ PIT
1796	Turk Farrell	27	4	Sencillo	Pittsburgh	HOU @ PIT
1797	Don Nottebart	29	5	Sencillo	Pittsburgh	HOU @ PIT
1798	Ron Taylor	29	7	Sencillo	Pittsburgh	HOU @ PIT
SEPTIEMBRE						
1799	Sandy Koufax	1	4	Sencillo	Pittsburgh	LAD @ PIT
1800	Don Drysdale	1	3	Sencillo	Pittsburgh	LAD @ PIT
1801	Don Drysdale	1	6	Sencillo	Pittsburgh	LAD @ PIT
1802	Don Drysdale	1	8	Sencillo	Pittsburgh	LAD @ PIT
1803	Claude Osteen	2	1	Sencillo	Pittsburgh	LAD @ PIT
1804	Claude Osteen	2	3	Sencillo	Pittsburgh	LAD @ PIT
1805	Claude Osteen	2	8	Sencillo	Pittsburgh	LAD @ PIT
1806	Ken Johnson	3	5	Sencillo	Milwaukee	PIT @ MLN
1807	Bob Sadowski	5	1	Sencillo	Milwaukee	PIT @ MLN

HIT	LANZADOR	DÍA	ENTRADA	TIPO DE HIT	CIUDAD	EQUIPOS
1808	Bob Sadowski	5	3	Sencillo	Milwaukee	PIT @ MLN
1809	Phil Niekro	5	8	Doble	Milwaukee	PIT @ MLN
1810	Joey Jay	6	1	HR	Cincinnati	PIT @ CIN
1811	Jim Maloney	6	3	Sencillo	Cincinnati	PIT @ CIN
1812	Jim Maloney	11	1	Doble	Pittsburgh	CIN @ PIT
1813	Ted Davidson	13	4	Sencillo	Pittsburgh	CIN @ PIT
1814	Ray Culp	17	3	Sencillo	Pittsburgh	PHI @ PIT
1815	Jim Bunning	18	9	HR	Pittsburgh	PHI @ PIT
1816	Chris Short	19	9	Sencillo	Pittsburgh	PHI @ PIT
1817	Jack Baldschun	19	10	Sencillo	Pittsburgh	PHI @ PIT
1818	Jack Fisher	20	4	Sencillo	Pittsburgh	NYM @ PIT
1819	Dennis Ribant	20	5	Sencillo	Pittsburgh	NYM @ PIT
1820	Al Jackson	21	3	Sencillo	Pittsburgh	NYM @ PIT
1821	Al Jackson	21	5	Sencillo	Pittsburgh	NYM @ PIT
1822	Tug McGraw	22	5	Sencillo	Pittsburgh	NYM @ PIT
1823	Lindy McDaniel	25	7	Doble	Chicago	PIT @ CHC
1824	Dennis Ribant	28	11	Sencillo	Nueva York	PIT @ NYM
OCTUBRE						
1825	Dick Ellsworth	1	4	Sencillo	Pittsburgh	CHC @ PIT
1826	Bill Faul	3	4	Sencillo	Pittsburgh	CHC @ PIT
1827	Bill Faul	3	7	HR	Pittsburgh	CHC @ PIT

RESUMEN · TEMPORADA 1965

18 de abril al 12 de mayo	Clemente conectó 18 sencillos consecutivos. (marca personal)
24 de abril	Clemente se convirtió en el primer puertorriqueño en conectar un hit en un estadio bajo techo. (Astrodome de Houston)
25 de mayo	**Clemente conectó el hit 1,671 de su carrera y se convirtió en el puertorriqueño con más hits en la historia, al quebrar un empate con Víctor Pellot.**
23 de junio al 10 de julio	Clemente conectó al menos un hit en 20 juegos consecutivos. (marca personal)
25 de julio	Clemente participó del juego de nueve entradas de menos duración de tiempo en su carrera en Grandes Ligas (1:37)
	Clemente finalizó julio con su mayor cantidad de hits en un mes calendario. (46 hits)
18 de sept	Clemente conectó su primer jonrón como bateador emergente.
3 de octubre	Clemente ganó su tercer título de bateo.
	Clemente conectó hit en ambos partidos de un doble juego los siguientes días: 18 de abril, 30 de mayo, 6 y 29 de junio, 5, 18 y 25 de julio, 1 y 12 de agosto, 1 y 6 de septiembre.
3 de octubre	Clemente finalizó su séptima temporada con un promedio ofensivo de .300.

Roberto Clemente acompañado de su esposa, Vera Clemente recibiendo la Copa Gobernador en Pittsburgh luego de conectar el hit 3,000 el 1ro de octubre de 1972. Ese día también recibió grama traída del parque de San Antón, Carolina, P.R.

Clemente junto al gobernador Roberto Sánchez Vilella durante una visita a La Fortaleza. (1965)

TEMPORADA DE 1966

HIT	LANZADOR	DÍA	ENTRADA	TIPO DE HIT	CIUDAD	EQUIPOS
ABRIL						
1828	Tony Cloninger	12	4	Sencillo	Atlanta	PIT @ ATL
1829	Tony Cloninger	12	6	Sencillo	Atlanta	PIT @ ATL
1830	Ray Washburn	16	6	Sencillo	Pittsburgh	STL @ PIT
1831	Joe Hoerner	16	8	HR	Pittsburgh	STL @ PIT
1832	Nelson Briles	17	3	Sencillo	Pittsburgh	STL @ PIT
1833	Al Jackson	17	9	Sencillo	Pittsburgh	STL @ PIT
1834	Joey Jay	18	5	Sencillo	Pittsburgh	CIN @ PIT
1835	Sammy Ellis	19	3	Triple	Pittsburgh	CIN @ PIT
1836	John Tsitouris	19	6	Sencillo	Pittsburgh	CIN @ PIT
1837	Jim Maloney	20	6	Sencillo	Pittsburgh	CIN @ PIT
1838	Milt Pappas	21	6	Sencillo	Pittsburgh	CIN @ PIT
1839	Don Nottebart	21	8	Sencillo	Pittsburgh	CIN @ PIT
1840	Ray Washburn	22	5	Sencillo	San Luis	PIT @ STL
1841	Dennis Aust	22	9	Sencillo	San Luis	PIT @ STL
1842	Hal Woodeshick	23	9	Sencillo	San Luis	PIT @ STL
1843	Ray Sadecki	24	3	Sencillo	San Luis	PIT @ STL
1844	Ray Sadecki	24	8	Doble	San Luis	PIT @ STL
1845	Jim Bunning	25	4	Sencillo	Pittsburgh	PHI @ PIT

HIT	LANZADOR	DÍA	ENTRADA	TIPO DE HIT	CIUDAD	EQUIPOS
1846	Bill Hands	28	3	Doble	Chicago	PIT @ CHC
1847	Rob Gardner	29	1	Sencillo	Pittsburgh	NYM @ PIT
MAYO						
1848	Jack Fisher	1	4	Doble	Pittsburgh	NYM @ PIT
1849	Jack Fisher	1	5	Doble	Pittsburgh	NYM @ PIT
1850	Darrell Sutherland	1	6	Sencillo	Pittsburgh	NYM @ PIT
1851	Dave Eilers	1	8	Sencillo	Pittsburgh	NYM @ PIT
1852	Joey Jay	5	1	HR	Cincinnati	PIT @ CIN
1853	Joey Jay	5	8	Sencillo	Cincinnati	PIT @ CIN
1854	Bob Buhl	6	4	Sencillo	Filadelfia	PIT @ PHI
1855	Jim Bunning	7	1	Sencillo	Filadelfia	PIT @ PHI
1856	Jim Bunning	7	3	Sencillo	Filadelfia	PIT @ PHI
1857	Jim Bunning	7	9	Sencillo	Filadelfia	PIT @ PHI
1858	John Boozer	8	1	Sencillo	Filadelfia	PIT @ PHI
1859	Bobby Bolin	10	3	Doble	Pittsburgh	SFG @ PIT
1860	Frank Linzy	10	15	Sencillo	Pittsburgh	SFG @ PIT
1861	Gaylord Perry	11	5	Sencillo	Pittsburgh	SFG @ PIT
1862	Claude Osteen	13	5	Sencillo	Pittsburgh	LAD @ PIT
1863	Phil Regan	13	7	Triple	Pittsburgh	LAD @ PIT
1864	Sandy Koufax	14	9	HR	Pittsburgh	LAD @ PIT
1865	Ken Johnson	18	6	Doble	Pittsburgh	ATL @ PIT
1866	Don Sutton	20	1	Sencillo	Los Ángeles	PIT @ LAD

HIT	LANZADOR	DÍA	ENTRADA	TIPO DE HIT	CIUDAD	EQUIPOS
1867	Bob Miller	20	5	Sencillo	Los Ángeles	PIT @ LAD
1868	Joe Moeller	20	7	Sencillo	Los Ángeles	PIT @ LAD
1869	Ron Perranoski	21	12	Sencillo	Los Ángeles	PIT @ LAD
1870	Claude Osteen	22	1	Sencillo	Los Ángeles	PIT @ LAD
1871	Claude Osteen	22	5	Sencillo	Los Ángeles	PIT @ LAD
1872	Larry Dierker	29	1	Triple	Houston	PIT @ HOU
1873	Dick Ellsworth	30	6	HR	Pittsburgh	CHC @ PIT
1874	Dick Ellsworth	30	8	Sencillo	Pittsburgh	CHC @ PIT
1875	Bill Connors	30	7	HR	Pittsburgh	CHC @ PIT
1876	Ernie Broglio	31	2	Sencillo	Pittsburgh	CHC @ PIT
1877	Ernie Broglio	31	7	Doble	Pittsburgh	CHC @ PIT
1878	Ernie Broglio	31	9	Sencillo	Pittsburgh	CHC @ PIT
JUNIO						
1879	Dennis Ribant	1	4	Sencillo	Nueva York	PIT @ NYM
1880	Dennis Ribant	1	8	Sencillo	Nueva York	PIT @ NYM
1881	Larry Dierker	3	1	Sencillo	Pittsburgh	HOU @ PIT
1882	Larry Dierker	3	6	Sencillo	Pittsburgh	HOU @ PIT
1883	Robin Roberts	4	2	Doble	Pittsburgh	HOU @ PIT
1884	Robin Roberts	4	3	Sencillo	Pittsburgh	HOU @ PIT
1885	Gary Kroll	4	5	Sencillo	Pittsburgh	HOU @ PIT
1886	Turk Farrell	5	2	HR	Pittsburgh	HOU @ PIT
1887	Bob Bruce	5	6	Sencillo	Pittsburgh	HOU @ PIT

HIT	LANZADOR	DÍA	ENTRADA	TIPO DE HIT	CIUDAD	EQUIPOS
1888	Bob Bruce	5	7	Sencillo	Pittsburgh	HOU @ PIT
1889	Bob Gibson	7	3	Sencillo	Pittsburgh	STL @ PIT
1890	Bob Gibson	7	8	Sencillo	Pittsburgh	STL @ PIT
1891	Don Dennis	7	8	HR	Pittsburgh	STL @ PIT
1892	Nelson Briles	8	4	Sencillo	Pittsburgh	STL @ PIT
1893	Al Jackson	9	1	Sencillo	Pittsburgh	STL @ PIT
1894	Al Jackson	9	6	Sencillo	Pittsburgh	STL @ PIT
1895	Al Jackson	9	8	HR	Pittsburgh	STL @ PIT
1896	Ted Abernathy	11	8	Sencillo	Pittsburgh	ATL @ PIT
1897	Denny Lemaster	12	1	Triple	Pittsburgh	ATL @ PIT
1898	Dan Schneider	12	8	Triple	Pittsburgh	ATL @ PIT
1899	Billy McCool	13	8	HR	Pittsburgh	CIN @ PIT
1900	Jim Maloney	14	4	Sencillo	Pittsburgh	CIN @ PIT
1901	Bob Gibson	15	1	Sencillo	San Luis	PIT @ STL
1902	Don Dennis	16	9	Sencillo	San Luis	PIT @ STL
1903	Don Schwall	17	5	Doble	Atlanta	PIT @ ATL
1904	Wade Blasingame	18	1	Sencillo	Atlanta	PIT @ ATL
1905	Wade Blasingame	18	7	Sencillo	Atlanta	PIT @ ATL
1906	Don Nottebart	21	6	Sencillo	Cincinnati	PIT @ CIN
1907	Jim Maloney	22	3	Sencillo	Cincinnati	PIT @ CIN
1908	Jim Maloney	22	8	HR	Cincinnati	PIT @ CIN
1909	Milt Pappas	23	1	Sencillo	Cincinnati	PIT @ CIN

HIT	LANZADOR	DÍA	ENTRADA	TIPO DE HIT	CIUDAD	EQUIPOS
1910	Jim Bunning	24	1	Sencillo	Filadelfia	PIT @ PHI
1911	Jim Bunning	24	3	HR	Filadelfia	PIT @ PHI
1912	Ray Culp	25	5	Sencillo	Filadelfia	PIT @ PHI
1913	Ray Culp	25	9	Doble	Filadelfia	PIT @ PHI
1914	Larry Jackson	26	6	Doble	Filadelfia	PIT @ PHI
1915	Bob Bruce	27	4	Sencillo	Pittsburgh	HOU @ PIT
1916	Bob Bruce	27	5	Doble	Pittsburgh	HOU @ PIT
1917	Bob Bruce	27	7	Sencillo	Pittsburgh	HOU @ PIT
1918	Dave Giusti	28	5	Sencillo	Pittsburgh	HOU @ PIT
1919	Jim Owens	29	9	Sencillo	Pittsburgh	HOU @ PIT
1920	Barry Latman	30	5	Triple	Pittsburgh	HOU @ PIT
JULIO						
1921	Bill Hepler	1	5	Sencillo	Nueva York	PIT @ NYM
1922	Dennis Ribant	2	1	HR	Nueva York	PIT @ NYM
1923	Darrell Sutherland	3	7	Doble	Nueva York	PIT @ NYM
1924	Rob Gardner	3	7	Doble	Nueva York	PIT @ NYM
1925	Cal Koonce	4	5	Sencillo	Chicago	PIT @ CHC
1926	Cal Koonce	4	7	Triple	Chicago	PIT @ CHC
1927	Dick Ellsworth	6	1	Sencillo	Chicago	PIT @ CHC
1928	Dick Ellsworth	6	7	Doble	Chicago	PIT @ CHC
1929	Don Lee	6	9	HR	Chicago	PIT @ CHC
1930	Curt Simmons	7	3	Sencillo	Chicago	PIT @ CHC

HIT	LANZADOR	DÍA	ENTRADA	TIPO DE HIT	CIUDAD	EQUIPOS
1931	Bob Shaw	8	1	Sencillo	Pittsburgh	NYM @ PIT
1932	Bob Shaw	8	7	Sencillo	Pittsburgh	NYM @ PIT
1933	Jack Fisher	8	6	Sencillo	Pittsburgh	NYM @ PIT
1934	Bill Hepler	9	5	Doble	Pittsburgh	NYM @ PIT
1935	Darrell Sutherland	9	7	Doble	Pittsburgh	NYM @ PIT
1936	Bob Shaw	10	8	Doble	Pittsburgh	NYM @ PIT
1937	Dick Ellsworth	14	2	IPHR	Pittsburgh	CHC @ PIT
1938	Robin Roberts	15	3	Sencillo	Pittsburgh	CHC @ PIT
1939	Bill Hands	16	1	Sencillo	Pittsburgh	CHC @ PIT
1940	Ron Herbel	17	1	Sencillo	Pittsburgh	SFG @ PIT
1941	Bob Priddy	17	4	Triple	Pittsburgh	SFG @ PIT
1942	Gaylord Perry	18	1	Triple	Pittsburgh	SFG @ PIT
1943	Gaylord Perry	18	8	Doble	Pittsburgh	SFG @ PIT
1944	Don Drysdale	20	4	Sencillo	Los Ángeles	PIT @ LAD
1945	Don Drysdale	20	6	Sencillo	Los Ángeles	PIT @ LAD
1946	Don Drysdale	20	7	Sencillo	Los Ángeles	PIT @ LAD
1947	Don Sutton	21	8	Sencillo	Los Ángeles	PIT @ LAD
1948	Larry Dierker	22	1	Sencillo	Houston	PIT @ HOU
1949	Larry Dierker	22	6	Sencillo	Houston	PIT @ HOU
1950	Bob Bruce	23	1	Sencillo	Houston	PIT @ HOU
1951	Claude Raymond	23	8	Sencillo	Houston	PIT @ HOU
1952	Claude Raymond	24	5	HR	Houston	PIT @ HOU

HIT	LANZADOR	DÍA	ENTRADA	TIPO DE HIT	CIUDAD	EQUIPOS
1953	Barry Latman	24	9	Sencillo	Houston	PIT @ HOU
1954	Gaylord Perry	26	6	HR	San Francisco	PIT @ SFG
1955	Bobby Bolin	27	5	Sencillo	San Francisco	PIT @ SFG
1956	Bob Buhl	31	6	Sencillo	Pittsburgh	PHI @ PIT
1957	Bob Buhl	31	8	Sencillo	Pittsburgh	PHI @ PIT
1958	Darold Knowles	31	9	Doble	Pittsburgh	PHI @ PIT
AGOSTO						
1959	Sandy Koufax	1	1	Triple	Pittsburgh	LAD @ PIT
1960	Sandy Koufax	1	3	Sencillo	Pittsburgh	LAD @ PIT
1961	Phil Regan	1	8	Sencillo	Pittsburgh	LAD @ PIT
1962	Ron Perranoski	2	7	Sencillo	Pittsburgh	LAD @ PIT
1963	Don Sutton	3	1	HR	Pittsburgh	LAD @ PIT
1964	Jim Brewer	4	6	Sencillo	Pittsburgh	LAD @ PIT
1965	Joe Nuxhall	7	1	HR	Pittsburgh	CIN @ PIT
1966	Joe Nuxhall	7	4	Sencillo	Pittsburgh	CIN @ PIT
1967	Don Nottebart	7	5	Sencillo	Pittsburgh	CIN @ PIT
1968	Don Nottebart	7	7	HR	Pittsburgh	CIN @ PIT
1969	Dennis Ribant	9	1	Sencillo	Pittsburgh	NYM @ PIT
1970	Bob Shaw	10	3	Sencillo	Pittsburgh	NYM @ PIT
1971	Bill Hepler	10	4	Sencillo	Pittsburgh	NYM @ PIT
1972	Bill Hepler	10	6	Sencillo	Pittsburgh	NYM @ PIT
1973	Ralph Terry	11	6	Doble	Pittsburgh	NYM @ PIT

HIT	LANZADOR	DÍA	ENTRADA	TIPO DE HIT	CIUDAD	EQUIPOS
1974	Rob Gardner	11	9	Sencillo	Pittsburgh	NYM @ PIT
1975	Sammy Ellis	12	3	HR	Cincinnati	PIT @ CIN
1976	Sammy Ellis	14	9	Sencillo	Cincinnati	PIT @ CIN
1977	Tug McGraw	16	3	Sencillo	Nueva York	PIT @ NYM
1978	Jack Fisher	17	3	Sencillo	Nueva York	PIT @ NYM
1979	Dick Ellsworth	19	8	Sencillo	Chicago	PIT @ CHC
1980	Cal Koonce	21	4	HR	Chicago	PIT @ CHC
1981	Cal Koonce	21	6	Sencillo	Chicago	PIT @ CHC
1982	Bob Buhl	22	5	Sencillo	Pittsburgh	PHI @ PIT
1983	Ray Herbert	22	6	Sencillo	Pittsburgh	PHI @ PIT
1984	Ray Culp	22	8	Sencillo	Pittsburgh	PHI @ PIT
1985	Chris Short	23	5	HR	Pittsburgh	PHI @ PIT
1986	Darold Knowles	24	8	Sencillo	Pittsburgh	PHI @ PIT
1987	Al Jackson	26	3	Sencillo	San Luis	PIT @ STL
1988	Al Jackson	26	4	Sencillo	San Luis	PIT @ STL
1989	Nelson Briles	26	6	Doble	San Luis	PIT @ STL
1990	Nelson Briles	26	7	Sencillo	San Luis	PIT @ STL
1991	Bob Gibson	27	8	Sencillo	San Luis	PIT @ STL
1992	Ray Washburn	28	6	Sencillo	San Luis	PIT @ STL
1993	Hal Woodeshick	28	8	Sencillo	San Luis	PIT @ STL
1994	Steve Carlton	28	6	Doble	San Luis	PIT @ STL
1995	Dave Giusti	30	3	Sencillo	Pittsburgh	HOU @ PIT

HIT	LANZADOR	DÍA	ENTRADA	TIPO DE HIT	CIUDAD	EQUIPOS
1996	Ron Taylor	30	4	Sencillo	Pittsburgh	HOU @ PIT
1997	Carroll Sembera	30	7	Sencillo	Pittsburgh	HOU @ PIT
1998	Don Drysdale	31	5	Sencillo	Pittsburgh	LAD @ PIT
		SEPTIEMBRE				
1999	Don Sutton	1	6	Sencillo	Pittsburgh	LAD @ PIT
2000	Fergie Jenkins	2	5	HR	Pittsburgh	CHC @ PIT
2001	Ken Holtzman	3	7	Triple	Pittsburgh	CHC @ PIT
2002	Bill Hands	4	3	HR	Pittsburgh	CHC @ PIT
2003	Tony Cloninger	5	8	Sencillo	Pittsburgh	ATL @ PIT
2004	Pat Jarvis	6	7	Sencillo	Pittsburgh	ATL @ PIT
2005	Ken Johnson	7	1	Sencillo	Pittsburgh	ATL @ PIT
2006	Ken Johnson	7	5	Doble	Pittsburgh	ATL @ PIT
2007	Ray Washburn	9	1	Sencillo	Pittsburgh	STL @ PIT
2008	Ray Washburn	9	6	Sencillo	Pittsburgh	STL @ PIT
2009	Ray Washburn	9	8	Doble	Pittsburgh	STL @ PIT
2010	Nelson Briles	9	10	Sencillo	Pittsburgh	STL @ PIT
2011	Hal Woodeshick	10	9	Sencillo	Pittsburgh	STL @ PIT
2012	Al Jackson	11	4	Doble	Pittsburgh	STL @ PIT
2013	Turk Farrell	13	7	Doble	Houston	PIT @ HOU
2014	Danny Coombs	13	8	Sencillo	Houston	PIT @ HOU
2015	Don Drysdale	15	9	HR	Los Ángeles	PIT @ LAD
2016	Frank Linzy	19	11	HR	San Francisco	PIT @ SFG

HIT	LANZADOR	DÍA	ENTRADA	TIPO DE HIT	CIUDAD	EQUIPOS
2017	Ron Herbel	20	1	Doble	San Francisco	PIT @ SFG
2018	Ron Herbel	20	5	Sencillo	San Francisco	PIT @ SFG
2019	Juan Marichal	21	9	Sencillo	San Francisco	PIT @ SFG
2020	Pat Jarvis	22	1	Sencillo	Atlanta	PIT @ ATL
2021	Jay Ritchie	24	7	HR	Atlanta	PIT @ ATL
2022	Dick Kelley	25	6	HR	Atlanta	PIT @ ATL
2023	Rick Wise	26	1	Sencillo	Filadelfia	PIT @ PHI
2024	Rick Wise	26	3	Doble	Filadelfia	PIT @ PHI
2025	Larry Jackson	28	3	Sencillo	Filadelfia	PIT @ PHI
2026	Larry Jackson	28	8	Doble	Filadelfia	PIT @ PHI
OCTUBRE						
2027	Juan Marichal	1	2	HR	Pittsburgh	SFG @ PIT
2028	Juan Marichal	1	4	Sencillo	Pittsburgh	SFG @ PIT
2029	Juan Marichal	1	5	Doble	Pittsburgh	SFG @ PIT

RESUMEN · TEMPORADA 1966

2 de abril	Clemente se convirtió en el primer puertorriqueño en conectar un hit en el Atlanta Stadium.
29 de mayo	Clemente conectó el primer hit de su carrera en grama artificial.
7 de junio	Clemente conectó por única vez en su carrera dos hits en una misma entrada. (octava entrada)

12 de junio	Clemente conectó los triples 100 y 101 de su carrera en Grandes Ligas.
21 de junio al 24 de julio	Clemente llegó a base en 33 juegos consecutivos*.
2 de sept	**Clemente se convirtió en el único puertorriqueño en conectar un jonrón al conectar el hit 2,000 de su carrera.**

Clemente conectó hit en ambos partidos de un doble juego los siguientes días: 30 de mayo, 3, 8 y 17 de julio y 28 de agosto.

2 de octubre Clemente finalizó su octava temporada con un promedio ofensivo de .300.

Clemente conectó 71 extrabases*.

Clemente conectó 29 jonrones*.

Clemente remolcó 119 carreras*.)

Clemente anotó 105 carreras*.

Clemente tuvo 690 apariciones al plato*.

Clemente tuvo 638 turnos oficiales*.

Clemente acumuló 342 bases totales*.

Clemente se convirtió en el primer puertorriqueño en ser seleccionado Jugador Más Valioso.

*(marca personal)

Clemente junto a Orlando Cepeda. (1967)

TEMPORADA DE 1967

HIT	LANZADOR	DÍA	ENTRADA	TIPO DE HIT	CIUDAD	EQUIPOS
ABRIL						
Hit	Lanzador	Día	Entrada	Tipo de Hit	Ciudad	Equipos
2030	Don Cardwell	11	3	Sencillo	Nueva York	PIT @ NYM
2031	Tom Seaver	13	3	Sencillo	Nueva York	PIT @ NYM
2032	Ray Culp	15	1	Sencillo	Pittsburgh	CHC @ PIT
2033	Ray Culp	15	8	Sencillo	Pittsburgh	CHC @ PIT
2034	Fergie Jenkins	16	1	Sencillo	Pittsburgh	CHC @ PIT
2035	Don Cardwell	17	6	Sencillo	Pittsburgh	NYM @ PIT
2036	Ray Culp	21	1	Sencillo	Chicago	PIT @ CHC
2037	Ray Culp	21	3	Doble	Chicago	PIT @ CHC
2038	Joe Niekro	21	4	Sencillo	Chicago	PIT @ CHC
2039	Fergie Jenkins	23	3	Sencillo	Chicago	PIT @ CHC
2040	Fergie Jenkins	23	6	HR	Chicago	PIT @ CHC
2041	Jim Bunning	25	1	Sencillo	Pittsburgh	PHI @ PIT
2042	Grant Jackson	25	4	Sencillo	Pittsburgh	PHI @ PIT
2043	Larry Jackson	27	4	Sencillo	Pittsburgh	PHI @ PIT
2044	Ray Washburn	28	6	Sencillo	San Luis	PIT @ STL
2045	Ray Washburn	28	8	Sencillo	San Luis	PIT @ STL

HIT	LANZADOR	DÍA	ENTRADA	TIPO DE HIT	CIUDAD	EQUIPOS

HIT	LANZADOR	DÍA	ENTRADA	TIPO DE HIT	CIUDAD	EQUIPOS
			MAYO			
2046	Ron Willis	1	3	Sencillo	San Luis	PIT @ STL
2047	Dick Hughes	1	5	HR	San Luis	PIT @ STL
2048	Jim Cosman	1	7	Sencillo	San Luis	PIT @ STL
2049	Claude Osteen	2	1	Sencillo	Pittsburgh	LAD @ PIT
2050	Phil Regan	2	8	Sencillo	Pittsburgh	LAD @ PIT
2051	Don Sutton	3	7	Sencillo	Pittsburgh	LAD @ PIT
2052	Bob Miller	3	11	Sencillo	Pittsburgh	LAD @ PIT
2053	Don Drysdale	4	1	Sencillo	Pittsburgh	LAD @ PIT
2054	Don Drysdale	4	4	Sencillo	Pittsburgh	LAD @ PIT
2055	Don Drysdale	4	6	Sencillo	Pittsburgh	LAD @ PIT
2056	Bobby Bolin	5	2	Sencillo	Pittsburgh	SFG @ PIT
2057	Gaylord Perry	6	5	Sencillo	Pittsburgh	SFG @ PIT
2058	Ray Washburn	8	4	Sencillo	Pittsburgh	STL @ PIT
2059	Pat Jarvis	12	3	HR	Pittsburgh	ATL @ PIT
2060	Pat Jarvis	12	7	Sencillo	Pittsburgh	ATL @ PIT
2061	Phil Niekro	13	10	Sencillo	Pittsburgh	ATL @ PIT
2062	Dick Kelley	14	3	Doble	Pittsburgh	ATL @ PIT
2063	Dick Kelley	14	6	Triple	Pittsburgh	ATL @ PIT
2064	Clay Carroll	14	7	Sencillo	Pittsburgh	ATL @ PIT
2065	Milt Pappas	15	1	HR	Cincinnati	PIT @ CIN
2066	Milt Pappas	15	5	HR	Cincinnati	PIT @ CIN

HIT	LANZADOR	DÍA	ENTRADA	TIPO DE HIT	CIUDAD	EQUIPOS
2067	Darrell Osteen	15	7	Doble	Cincinnati	PIT @ CIN
2068	Gerry Arrigo	15	9	HR	Cincinnati	PIT @ CIN
2069	Mel Queen	16	4	Doble	Cincinnati	PIT @ CIN
2070	Mel Queen	16	9	Sencillo	Cincinnati	PIT @ CIN
2071	Sammy Ellis	17	3	Sencillo	Cincinnati	PIT @ CIN
2072	Pat Jarvis	18	3	Sencillo	Atlanta	PIT @ ATL
2073	Clay Carroll	18	6	Doble	Atlanta	PIT @ ATL
2074	Denny Lemaster	19	1	Doble	Atlanta	PIT @ ATL
2075	Dick Kelley	20	4	HR	Atlanta	PIT @ ATL
2076	Phil Niekro	20	8	Doble	Atlanta	PIT @ ATL
2077	Chris Zachary	22	1	Sencillo	Houston	PIT @ HOU
2078	Chris Zachary	22	6	Sencillo	Houston	PIT @ HOU
2079	Larry Dierker	23	4	Sencillo	Houston	PIT @ HOU
2080	Barry Latman	24	8	HR	Houston	PIT @ HOU
2081	Dan Schneider	24	9	Sencillo	Houston	PIT @ HOU
2082	Gary Nolan	26	1	Sencillo	Pittsburgh	CIN @ PIT
2083	Darrell Osteen	26	12	Sencillo	Pittsburgh	CIN @ PIT
2084	Milt Pappas	27	4	HR	Pittsburgh	CIN @ PIT
2085	Sammy Ellis	28	1	Sencillo	Pittsburgh	CIN @ PIT
2086	Sammy Ellis	28	6	HR	Pittsburgh	CIN @ PIT
2087	Don Wilson	30	3	Sencillo	Pittsburgh	HOU @ PIT
2088	Barry Latman	30	3	Sencillo	Pittsburgh	HOU @ PIT
2089	Carroll Sembera	30	8	Sencillo	Pittsburgh	HOU @ PIT

HIT	LANZADOR	DÍA	ENTRADA	TIPO DE HIT	CIUDAD	EQUIPOS
			JUNIO			
2090	Bill Singer	2	6	Sencillo	Los Ángeles	PIT @ LAD
2091	Phil Regan	2	7	Sencillo	Los Ángeles	PIT @ LAD
2092	Don Drysdale	4	3	Sencillo	Los Ángeles	PIT @ LAD
2093	Don Drysdale	4	5	HR	Los Ángeles	PIT @ LAD
2094	Don Drysdale	4	7	HR	Los Ángeles	PIT @ LAD
2095	Jack Fisher	7	1	Doble	Pittsburgh	NYM @ PIT
2096	Jack Fisher	7	3	Sencillo	Pittsburgh	NYM @ PIT
2097	Rick Wise	9	1	Sencillo	Pittsburgh	PHI @ PIT
2098	Rick Wise	9	4	Sencillo	Pittsburgh	PHI @ PIT
2099	John Boozer	9	5	Sencillo	Pittsburgh	PHI @ PIT
2100	Larry Jackson	10	1	Sencillo	Pittsburgh	PHI @ PIT
2101	Larry Jackson	10	6	Sencillo	Pittsburgh	PHI @ PIT
2102	Steve Carlton	12	6	Sencillo	Pittsburgh	STL @ PIT
2103	Dick Hughes	13	1	Sencillo	Pittsburgh	STL @ PIT
2104	Dick Hughes	13	9	Sencillo	Pittsburgh	STL @ PIT
2105	Bob Gibson	14	8	Doble	Pittsburgh	STL @ PIT
2106	Dick Ellsworth	15	1	Doble	Filadelfia	PIT @ PHI
2107	Larry Jackson	16	4	Sencillo	Filadelfia	PIT @ PHI
2108	Larry Jackson	16	7	Sencillo	Filadelfia	PIT @ PHI
2109	Larry Jackson	16	8	Sencillo	Filadelfia	PIT @ PHI
2110	Jim Bunning	17	1	Sencillo	Filadelfia	PIT @ PHI

HIT	LANZADOR	DÍA	ENTRADA	TIPO DE HIT	CIUDAD	EQUIPOS
2111	Dallas Green	18	2	Sencillo	Filadelfia	PIT @ PHI
2112	Dallas Green	18	4	Sencillo	Filadelfia	PIT @ PHI
2113	Chuck Hartenstein	19	8	Sencillo	Pittsburgh	CHC @ PIT
2114	Chuck Hartenstein	20	8	Sencillo	Pittsburgh	CHC @ PIT
2115	Milt Pappas	25	1	Doble	Cincinnati	PIT @ CIN
2116	Bob Shaw	26	3	Sencillo	Nueva York	PIT @ NYM
2117	Bob Shaw	26	6	Sencillo	Nueva York	PIT @ NYM
2118	Dick Selma	27	6	Sencillo	Nueva York	PIT @ NYM
2119	Joe Niekro	29	5	Sencillo	Chicago	PIT @ CHC
2120	Cal Koonce	29	7	Sencillo	Chicago	PIT @ CHC
2121	Chuck Hartenstein	29	9	Sencillo	Chicago	PIT @ CHC
2122	Ken Johnson	30	5	Sencillo	Pittsburgh	ATL @ PIT
JULIO						
2123	Don Drysdale	3	5	Sencillo	Pittsburgh	LAD @ PIT
2124	Claude Osteen	4	1	Sencillo	Pittsburgh	LAD @ PIT
2125	Claude Osteen	4	5	Doble	Pittsburgh	LAD @ PIT
2126	Phil Regan	4	7	Sencillo	Pittsburgh	LAD @ PIT
2127	Jim Brewer	4	8	Sencillo	Pittsburgh	LAD @ PIT
2128	Don Sutton	5	1	Sencillo	Pittsburgh	LAD @ PIT
2129	Don Sutton	5	4	Sencillo	Pittsburgh	LAD @ PIT
2130	Sammy Ellis	7	4	Sencillo	Pittsburgh	CIN @ PIT
2131	Gerry Arrigo	8	1	Doble	Pittsburgh	CIN @ PIT

HIT	LANZADOR	DÍA	ENTRADA	TIPO DE HIT	CIUDAD	EQUIPOS
2132	Gerry Arrigo	8	3	Sencillo	Pittsburgh	CIN @ PIT
2133	Al Jackson	12	9	Sencillo	San Luis	PIT @ STL
2134	Steve Carlton	13	3	Sencillo	San Luis	PIT @ STL
2135	Larry Jaster	14	1	Sencillo	San Luis	PIT @ STL
2136	Bob Gibson	15	4	Sencillo	San Luis	PIT @ STL
2137	Al Jackson	15	6	Doble	San Luis	PIT @ STL
2138	Al Jackson	15	7	Sencillo	San Luis	PIT @ STL
2139	Wade Blasingame	21	1	Triple	Pittsburgh	HOU @ PIT
2140	Dave Eilers	21	7	Triple	Pittsburgh	HOU @ PIT
2141	Bo Belinsky	22	1	Sencillo	Pittsburgh	HOU @ PIT
2142	Carroll Sembera	22	2	Sencillo	Pittsburgh	HOU @ PIT
2143	Dave Eilers	22	8	HR	Pittsburgh	HOU @ PIT
2144	Dave Giusti	23	6	Sencillo	Pittsburgh	HOU @ PIT
2145	Barry Latman	23	3	HR	Pittsburgh	HOU @ PIT
2146	Bo Belinsky	23	4	Sencillo	Pittsburgh	HOU @ PIT
2147	Carroll Sembera	23	5	Triple	Pittsburgh	HOU @ PIT
2148	Claude Osteen	24	1	Sencillo	Los Ángeles	PIT @ LAD
2149	Claude Osteen	24	3	Sencillo	Los Ángeles	PIT @ LAD
2150	Claude Osteen	24	7	Sencillo	Los Ángeles	PIT @ LAD
2151	Bill Singer	25	6	Sencillo	Los Ángeles	PIT @ LAD
2152	Bo Belinsky	27	1	Triple	Houston	PIT @ HOU
2153	Bo Belinsky	27	6	Sencillo	Houston	PIT @ HOU

HIT	LANZADOR	DÍA	ENTRADA	TIPO DE HIT	CIUDAD	EQUIPOS
2154	Miguel Cuéllar	29	4	Sencillo	Houston	PIT @ HOU
2155	Ray Sadecki	30	6	HR	San Francisco	PIT @ SFG
2156	Mike McCormick	31	5	Sencillo	San Francisco	PIT @ SFG
AGOSTO						
2157	Juan Marichal	1	1	Doble	San Francisco	PIT @ SFG
2158	Juan Marichal	1	3	Triple	San Francisco	PIT @ SFG
2159	Gaylord Perry	2	1	Sencillo	San Francisco	PIT @ SFG
2160	Gaylord Perry	2	9	HR	San Francisco	PIT @ SFG
2161	Phil Regan	5	4	Sencillo	Pittsburgh	LAD @ PIT
2162	Phil Regan	5	6	Sencillo	Pittsburgh	LAD @ PIT
2163	Claude Osteen	6	4	Sencillo	Pittsburgh	LAD @ PIT
2164	Claude Osteen	6	6	Triple	Pittsburgh	LAD @ PIT
2165	Claude Osteen	6	8	Sencillo	Pittsburgh	LAD @ PIT
2166	Bob Shaw	7	1	Sencillo	Chicago	PIT @ CHC
2167	Chuck Hartenstein	7	9	Sencillo	Chicago	PIT @ CHC
2168	Joe Nickro	8	8	Doble	Chicago	PIT @ CHC
2169	Cal Koonce	12	1	Sencillo	Nueva York	PIT @ NYM
2170	Cal Koonce	12	9	Sencillo	Nueva York	PIT @ NYM
2171	Tom Seaver	13	9	Sencillo	Nueva York	PIT @ NYM
2172	Tom Seaver	17	14	Sencillo	Pittsburgh	NYM @ PIT
2173	Danny Frisella	19	1	HR	Pittsburgh	NYM @ PIT
2174	Danny Frisella	19	5	Sencillo	Pittsburgh	NYM @ PIT

HIT	LANZADOR	DÍA	ENTRADA	TIPO DE HIT	CIUDAD	EQUIPOS
2175	Don Cardwell	20	7	Sencillo	Pittsburgh	NYM @ PIT
2176	Fergie Jenkins	21	3	HR	Pittsburgh	CHC @ PIT
2177	Fergie Jenkins	21	5	Sencillo	Pittsburgh	CHC @ PIT
2178	Joe Niekro	22	1	Triple	Pittsburgh	CHC @ PIT
2179	Joe Niekro	22	8	Sencillo	Pittsburgh	CHC @ PIT
2180	Bill Hands	23	1	Sencillo	Pittsburgh	CHC @ PIT
2181	Jim Bunning	25	6	Doble	Filadelfia	PIT @ PHI
2182	Rick Wise	26	1	Sencillo	Filadelfia	PIT @ PHI
2183	Rick Wise	26	6	Sencillo	Filadelfia	PIT @ PHI
2184	Larry Jackson	27	4	Sencillo	Filadelfia	PIT @ PHI
2185	Pat Jarvis	28	1	Sencillo	Atlanta	PIT @ ATL
2186	Pat Jarvis	28	6	HR	Atlanta	PIT @ ATL
2187	Jay Ritchie	28	10	HR	Atlanta	PIT @ ATL
2188	Phil Niekro	29	8	Sencillo	Atlanta	PIT @ ATL
2189	Tony Cloninger	30	1	Sencillo	Atlanta	PIT @ ATL
2190	Clay Carroll	30	4	Doble	Atlanta	PIT @ ATL
2191	Rick Wise	31	1	Sencillo	Pittsburgh	PHI @ PIT
2192	Rick Wise	31	5	Sencillo	Pittsburgh	PHI @ PIT
2193	Dick Hall	31	7	Sencillo	Pittsburgh	PHI @ PIT
		SEPTIEMBRE				
2194	Jim Bunning	2	1	Triple	Pittsburgh	PHI @ PIT
2195	Grant Jackson	2	8	Doble	Pittsburgh	PHI @ PIT

HIT	LANZADOR	DÍA	ENTRADA	TIPO DE HIT	CIUDAD	EQUIPOS
2196	Chris Short	3	3	Sencillo	Pittsburgh	PHI @ PIT
2197	Chris Short	3	9	Sencillo	Pittsburgh	PHI @ PIT
2198	Larry Jaster	4	1	Sencillo	San Luis	PIT @ STL
2199	Jack Lamabe	4	3	Sencillo	San Luis	PIT @ STL
2200	Ray Washburn	4	3	Sencillo	San Luis	PIT @ STL
2201	Denny Lemaster	6	6	Doble	Pittsburgh	ATL @ PIT
2202	Phil Niekro	7	1	Sencillo	Pittsburgh	ATL @ PIT
2203	Phil Niekro	7	5	Doble	Pittsburgh	ATL @ PIT
2204	Dick Hughes	8	8	Sencillo	Pittsburgh	STL @ PIT
2205	Steve Carlton	9	1	Sencillo	Pittsburgh	STL @ PIT
2206	Ray Washburn	10	3	Sencillo	Pittsburgh	STL @ PIT
2207	Jack Lamabe	10	4	Doble	Pittsburgh	STL @ PIT
2208	Ron Willis	10	8	Sencillo	Pittsburgh	STL @ PIT
2209	Ted Davidson	12	6	Sencillo	Cincinnati	PIT @ CIN
2210	Mel Queen	13	3	Sencillo	Cincinnati	PIT @ CIN
2211	Mel Queen	13	5	HR	Cincinnati	PIT @ CIN
2212	Mel Queen	13	7	Doble	Cincinnati	PIT @ CIN
2213	Sammy Ellis	13	8	Sencillo	Cincinnati	PIT @ CIN
2214	Sammy Ellis	13	9	Sencillo	Cincinnati	PIT @ CIN
2215	Gaylord Perry	15	5	Sencillo	Pittsburgh	SFG @ PIT
2216	Ron Herbel	16	1	Sencillo	Pittsburgh	SFG @ PIT
2217	Ron Herbel	16	3	Sencillo	Pittsburgh	SFG @ PIT

HIT	LANZADOR	DÍA	ENTRADA	TIPO DE HIT	CIUDAD	EQUIPOS
2218	Ron Herbel	16	5	Sencillo	Pittsburgh	SFG @ PIT
2219	Ray Sadecki	17	1	Sencillo	Pittsburgh	SFG @ PIT
2220	Ray Sadecki	17	5	Sencillo	Pittsburgh	SFG @ PIT
2221	Frank Linzy	17	9	HR	Pittsburgh	SFG @ PIT
2222	Bruce Von Hoff	19	1	Sencillo	Houston	PIT @ HOU
2223	Larry Sherry	19	9	Sencillo	Houston	PIT @ HOU
2224	Ray Sadecki	22	1	Doble	San Francisco	PIT @ SFG
2225	Ray Sadecki	22	8	Doble	San Francisco	PIT @ SFG
2226	Mike McCormick	23	6	Sencillo	San Francisco	PIT @ SFG
2227	Mike McCormick	23	8	Sencillo	San Francisco	PIT @ SFG
2228	Bill Singer	25	4	Sencillo	Los Ángeles	PIT @ LAD
2229	Bill Singer	25	6	Sencillo	Los Ángeles	PIT @ LAD
2230	Don Drysdale	26	6	Sencillo	Los Ángeles	PIT @ LAD
2231	Don Drysdale	26	8	Sencillo	Los Ángeles	PIT @ LAD
2232	Alan Foster	27	4	Sencillo	Los Ángeles	PIT @ LAD
2233	Alan Foster	27	7	Sencillo	Los Ángeles	PIT @ LAD
2234	Wade Blasingame	29	3	Sencillo	Pittsburgh	HOU @ PIT
2235	Wade Blasingame	29	7	Sencillo	Pittsburgh	HOU @ PIT
2236	Don Wilson	30	3	Doble	Pittsburgh	HOU @ PIT
OCTUBRE						
2237	Bruce Von Hoff	1	1	Triple	Pittsburgh	HOU @ PIT
2238	Miguel Cuéllar	1	6	HR	Pittsburgh	HOU @ PIT

RESUMEN · TEMPORADA 1967

15 de mayo	**Clemente se convirtió en el primer puertorriqueño en conectar tres jonrones en un juego de Grandes Ligas.**
15 de mayo	Clemente se convirtió en el primer puertorriqueño en conectar cuatro extrabases en un juego de Grandes Ligas. (tres jonrones y un doble)
15 de mayo	Clemente acumuló 14 bases totales. (marca personal)
15 de mayo	Clemente se convirtió en el único puertorriqueño en remolcar las siete carreras de su equipo en un mismo juego.
23 de mayo al 31 de mayo	Clemente remolcó una carrera en ocho juegos consecutivos. (marca personal)
15 de julio	Clemente le conectó un lineazo al lanzador Bob Gibson que le provocó la fractura de la pierna derecha.
25 de sept	Clemente se convirtió en el primer puertorriqueño en conectar 200 hits en dos temporadas consecutivas.
1 de octubre	Clemente se convirtió en el primer puertorriqueño en dirigir en un juego de Grandes Ligas.
1 de octubre	Clemente ganó su cuarto título de bateo.
	Clemente conectó hit en ambos partidos de un doble juego los siguientes días: 30 de mayo, 23 de julio y 4 de septiembre.
1 de octubre	Clemente finalizó su novena temporada con un promedio ofensivo de .300.
	Clemente conectó múltiples hits en 68 juegos diferentes. (marca entre puertorriqueños)
	Clemente finalizó la temporada con un WAR de 9.0. (marca entre puertorriqueños)

Clemente junto a Ramiro Martínez en la Noche de Roberto Clemente en Pittsburgh el 24 de julio de 1970.

TEMPORADA DE 1968

HIT	LANZADOR	DÍA	ENTRADA	TIPO DE HIT	CIUDAD	EQUIPOS
			ABRIL			
2239	Larry Dierker	10	3	HR	Houston	PIT @ HOU
2240	Gaylord Perry	13	1	Sencillo	San Francisco	PIT @ SFG
2241	Claude Osteen	14	3	Sencillo	Los Ángeles	PIT @ LAD
2242	Claude Osteen	14	8	Sencillo	Los Ángeles	PIT @ LAD
2243	Denny Lemaster	17	3	Sencillo	Pittsburgh	HOU @ PIT
2244	Juan Marichal	19	4	Sencillo	Pittsburgh	SFG @ PIT
2245	Juan Marichal	19	8	Triple	Pittsburgh	SFG @ PIT
2246	Mike McCormick	21	3	Triple	Pittsburgh	SFG @ PIT
2247	Lindy McDaniel	21	4	IPHR	Pittsburgh	SFG @ PIT
2248	Claude Osteen	24	6	Sencillo	Pittsburgh	LAD @ PIT
2249	Bob Gibson	26	1	Sencillo	San Luis	PIT @ STL
2250	Bob Gibson	26	4	Sencillo	San Luis	PIT @ STL
2251	Nelson Briles	27	6	Sencillo	San Luis	PIT @ STL
2252	Jack Lamabe	29	6	Sencillo	Pittsburgh	CHC @ PIT
			MAYO			
2253	Rich Nye	1	1	Triple	Pittsburgh	CHC @ PIT
2254	Chris Short	4	8	Sencillo	Filadelfia	PIT @ PHI
2255	Larry Jackson	5	1	Sencillo	Filadelfia	PIT @ PHI
2256	Larry Jackson	5	6	Sencillo	Filadelfia	PIT @ PHI

HIT	LANZADOR	DÍA	ENTRADA	TIPO DE HIT	CIUDAD	EQUIPOS
2257	Pat Jarvis	6	4	Sencillo	Atlanta	PIT @ ATL
2258	Jeff James	12	1	Sencillo	Pittsburgh	PHI @ PIT
2259	Steve Carlton	15	7	Sencillo	Pittsburgh	STL @ PIT
2260	Ray Washburn	16	1	Sencillo	Pittsburgh	STL @ PIT
2261	Ray Washburn	16	3	Triple	Pittsburgh	STL @ PIT
2262	Jim Maloney	17	6	Sencillo	Pittsburgh	CIN @ PIT
2263	Mel Queen	18	4	HR	Pittsburgh	CIN @ PIT
2264	Billy McCool	18	8	Doble	Pittsburgh	CIN @ PIT
2265	Tom Seaver	21	6	Sencillo	Nueva York	PIT @ NYM
2266	Bill Kelso	24	4	HR	Cincinnati	PIT @ CIN
2267	Gerry Arrigo	25	3	Sencillo	Cincinnati	PIT @ CIN
2268	Gerry Arrigo	25	8	Sencillo	Cincinnati	PIT @ CIN
2269	Bob Lee	26	5	Doble	Cincinnati	PIT @ CIN
2270	Ted Davidson	26	6	HR	Cincinnati	PIT @ CIN
2271	Jerry Koosman	30	4	Doble	Pittsburgh	NYM @ PIT
2272	Jerry Koosman	30	8	Doble	Pittsburgh	NYM @ PIT
			JUNIO			
2273	Dick Kelley	2	2	Doble	Pittsburgh	ATL @ PIT
2274	Pat Jarvis	2	1	HR	Pittsburgh	ATL @ PIT
2275	Phil Niekro	2	8	Sencillo	Pittsburgh	ATL @ PIT
2276	Claude Osteen	3	9	Sencillo	Los Ángeles	PIT @ LAD
2277	Bill Singer	5	2	Triple	Los Ángeles	PIT @ LAD

HIT	LANZADOR	DÍA	ENTRADA	TIPO DE HIT	CIUDAD	EQUIPOS
2278	Bill Singer	5	4	Sencillo	Los Ángeles	PIT @ LAD
2279	Bill Singer	5	6	Sencillo	Los Ángeles	PIT @ LAD
2280	Don Sutton	6	1	Sencillo	Los Ángeles	PIT @ LAD
2281	Don Sutton	6	3	Sencillo	Los Ángeles	PIT @ LAD
2282	Don Sutton	6	7	Sencillo	Los Ángeles	PIT @ LAD
2283	Dave Giusti	7	1	Sencillo	Houston	PIT @ HOU
2284	Dave Giusti	7	3	HR	Houston	PIT @ HOU
2285	Denny Lemaster	8	3	Sencillo	Houston	PIT @ HOU
2286	Juan Marichal	10	7	Sencillo	San Francisco	PIT @ SFG
2287	Ray Sadecki	11	6	HR	San Francisco	PIT @ SFG
2288	Ron Herbel	11	7	Sencillo	San Francisco	PIT @ SFG
2289	Bobby Bolin	12	3	HR	San Francisco	PIT @ SFG
2290	Gaylord Perry	13	3	Sencillo	San Francisco	PIT @ SFG
2291	Denny Lemaster	14	1	Sencillo	Pittsburgh	HOU @ PIT
2292	Denny Lemaster	14	5	Doble	Pittsburgh	HOU @ PIT
2293	Denny Lemaster	14	8	Triple	Pittsburgh	HOU @ PIT
2294	Miguel Cuéllar	16	4	Sencillo	Pittsburgh	HOU @ PIT
2295	Miguel Cuéllar	16	8	Triple	Pittsburgh	HOU @ PIT
2296	Mike McCormick	22	5	Doble	Pittsburgh	SFG @ PIT
2297	Steve Carlton	25	4	Sencillo	San Luis	PIT @ STL
2298	Ron Willis	25	8	Sencillo	San Luis	PIT @ STL
2299	Bob Gibson	26	7	Sencillo	San Luis	PIT @ STL

HIT	LANZADOR	DÍA	ENTRADA	TIPO DE HIT	CIUDAD	EQUIPOS
2300	Larry Jaster	26	7	Doble	San Luis	PIT @ STL
2301	Wayne Granger	26	9	Sencillo	San Luis	PIT @ STL
2302	Woodie Fryman	28	6	Sencillo	Filadelfia	PIT @ PHI
2303	Jeff James	30	7	Sencillo	Filadelfia	PIT @ PHI
2304	Turk Farrell	30	8	Sencillo	Filadelfia	PIT @ PHI
			JULIO			
2305	Jerry Koosman	4	7	Sencillo	Nueva York	PIT @ NYM
2306	Bill Hands	7	4	HR	Chicago	PIT @ CHC
2307	Larry Jackson	11	1	Doble	Pittsburgh	PHI @ PIT
2308	Chris Short	11	4	Sencillo	Pittsburgh	PHI @ PIT
2309	Jeff James	12	4	Sencillo	Pittsburgh	PHI @ PIT
2310	Jeff James	12	9	Doble	Pittsburgh	PHI @ PIT
2311	Woodie Fryman	13	4	Sencillo	Pittsburgh	PHI @ PIT
2312	Woodie Fryman	13	6	Sencillo	Pittsburgh	PHI @ PIT
2313	Gary Wagner	13	10	Sencillo	Pittsburgh	PHI @ PIT
2314	Gary Wagner	13	12	Sencillo	Pittsburgh	PHI @ PIT
2315	Chris Short	13	14	Triple	Pittsburgh	PHI @ PIT
2316	Joe Niekro	14	6	Sencillo	Pittsburgh	CHC @ PIT
2317	Joe Niekro	14	8	Sencillo	Pittsburgh	CHC @ PIT
2318	Dick Selma	16	4	Sencillo	Pittsburgh	NYM @ PIT
2319	Dick Selma	16	8	Doble	Pittsburgh	NYM @ PIT
2320	Danny Frisella	17	4	Doble	Pittsburgh	NYM @ PIT

HIT	LANZADOR	DÍA	ENTRADA	TIPO DE HIT	CIUDAD	EQUIPOS
2321	Bill Short	17	8	Sencillo	Pittsburgh	NYM @ PIT
2322	Don Cardwell	17	4	Sencillo	Pittsburgh	NYM @ PIT
2323	Mel Nelson	26	6	HR	Pittsburgh	STL @ PIT
2324	Larry Jaster	28	2	Triple	Pittsburgh	STL @ PIT
2325	Larry Jaster	28	3	Sencillo	Pittsburgh	STL @ PIT
2326	Larry Jaster	28	5	Sencillo	Pittsburgh	STL @ PIT
2327	Ron Reed	29	4	Sencillo	Pittsburgh	ATL @ PIT
2328	Ron Reed	29	6	Sencillo	Pittsburgh	ATL @ PIT
2329	Ken Johnson	30	4	Triple	Pittsburgh	ATL @ PIT
2330	Ken Johnson	30	5	Sencillo	Pittsburgh	ATL @ PIT
2331	Jay Ritchie	31	4	HR	Cincinnati	PIT @ CIN
AGOSTO						
2332	Ray Sadecki	3	6	Sencillo	San Francisco	PIT @ SFG
2333	Bobby Bolin	4	9	Sencillo	San Francisco	PIT @ SFG
2334	Jack Billingham	5	4	Sencillo	Los Ángeles	PIT @ LAD
2335	Jim Brewer	5	9	Sencillo	Los Ángeles	PIT @ LAD
2336	Don Drysdale	6	1	Sencillo	Los Ángeles	PIT @ LAD
2337	Don Drysdale	6	3	Sencillo	Los Ángeles	PIT @ LAD
2338	Don Drysdale	6	5	Sencillo	Los Ángeles	PIT @ LAD
2339	Miguel Cuéllar	8	1	Sencillo	Houston	PIT @ HOU
2340	Denny Lemaster	9	1	Sencillo	Houston	PIT @ HOU
2341	Denny Lemaster	9	8	Triple	Houston	PIT @ HOU

HIT	LANZADOR	DÍA	ENTRADA	TIPO DE HIT	CIUDAD	EQUIPOS
2342	Danny Coombs	10	5	Sencillo	Houston	PIT @ HOU
2343	Pat House	10	8	Sencillo	Houston	PIT @ HOU
2344	Larry Dierker	11	4	Sencillo	Houston	PIT @ HOU
2345	Jim Maloney	21	1	HR	Cincinnati	PIT @ CIN
2346	Jim Maloney	21	3	HR	Cincinnati	PIT @ CIN
2347	Bob Lee	21	8	Sencillo	Cincinnati	PIT @ CIN
2348	Ray Washburn	23	2	Sencillo	San Luis	PIT @ STL
2349	Bob Gibson	24	7	Sencillo	San Luis	PIT @ STL
2350	Ken Johnson	31	3	Sencillo	Pittsburgh	ATL @ PIT
SEPTIEMBRE						
2351	Pat Jarvis	1	4	Doble	Pittsburgh	ATL @ PIT
2352	Pat Jarvis	1	6	Sencillo	Pittsburgh	ATL @ PIT
2353	Tom Dukes	2	6	Sencillo	Pittsburgh	HOU @ PIT
2354	Dave Giusti	2	7	Sencillo	Pittsburgh	HOU @ PIT
2355	Tom Dukes	2	9	Sencillo	Pittsburgh	HOU @ PIT
2356	Jim McAndrew	6	4	HR	Pittsburgh	NYM @ PIT
2357	Jerry Koosman	7	6	Sencillo	Pittsburgh	NYM @ PIT
2358	Larry Jackson	9	6	Sencillo	Pittsburgh	PHI @ PIT
2359	Chris Short	9	9	Sencillo	Pittsburgh	PHI @ PIT
2360	Grant Jackson	11	1	Sencillo	Pittsburgh	PHI @ PIT
2361	John Boozer	11	7	Sencillo	Pittsburgh	PHI @ PIT
2362	Rick Wise	11	3	Doble	Pittsburgh	PHI @ PIT

HIT	LANZADOR	DÍA	ENTRADA	TIPO DE HIT	CIUDAD	EQUIPOS
2363	Jerry Koosman	13	6	Sencillo	Nueva York	PIT @ NYM
2364	Tom Seaver	14	4	HR	Nueva York	PIT @ NYM
2365	Tom Seaver	14	6	HR	Nueva York	PIT @ NYM
2366	Don Cardwell	15	2	Sencillo	Nueva York	PIT @ NYM
2367	Don Cardwell	15	4	Doble	Nueva York	PIT @ NYM
2368	Ron Taylor	15	8	Doble	Nueva York	PIT @ NYM
2369	Rick Wise	16	1	Sencillo	Filadelfia	PIT @ PHI
2370	Chris Short	17	6	Sencillo	Filadelfia	PIT @ PHI
2371	Fergie Jenkins	20	2	Sencillo	Pittsburgh	CHC @ PIT
2372	Gary Ross	20	8	Sencillo	Pittsburgh	CHC @ PIT
2373	Ken Holtzman	22	5	Sencillo	Pittsburgh	CHC @ PIT
2374	Phil Regan	22	7	IPHR	Pittsburgh	CHC @ PIT
2375	George Culver	23	4	Sencillo	Pittsburgh	CIN @ PIT
2376	George Culver	23	7	Sencillo	Pittsburgh	CIN @ PIT
2377	Clay Carroll	23	9	Doble	Pittsburgh	CIN @ PIT
2378	Gary Nolan	24	6	Sencillo	Pittsburgh	CIN @ PIT
2379	Jim Maloney	25	4	Sencillo	Pittsburgh	CIN @ PIT
2380	Phil Regan	27	9	Doble	Chicago	PIT @ CHC
2381	Fergie Jenkins	28	1	Sencillo	Chicago	PIT @ CHC
2382	Fergie Jenkins	28	5	Sencillo	Chicago	PIT @ CHC
2383	Bill Hands	29	2	Sencillo	Chicago	PIT @ CHC
2384	Phil Regan	29	8	Triple	Chicago	PIT @ CHC

RESUMEN · TEMPORADA 1968

26 de mayo
al 2 de junio   Clemente conectó seis extrabases consecutivos. (marca personal)

13 de julio   Clemente se convirtió en el primer puertorriqueño en conectar tres hits en las entradas extra de un juego de Grandes Ligas.

Clemente fue embasado intencionalmente en 27 ocasiones en la temporada. (marca entre puertorriqueños)

Clemente conectó hit en ambos partidos de un doble juego los siguientes días: 2 y 26 de junio, 11 y 17 de julio, 10 de agosto, 2 y 11 de septiembre.

Roberto Clemente entrevistado por Ramiro Martínez durante entrenamiento primaveral. (1962)

Roberto Clemente durante una actividad prejuego en el Estadio Hiram Bithorn. (1967)

Clemente junto a un grupo de niños puertorriqueños en Atlanta. (1972)

TEMPORADA DE 1969

HIT	LANZADOR	DÍA	ENTRADA	TIPO DE HIT	CIUDAD	EQUIPOS
ABRIL							
2385	Bob Gibson	8	6	Sencillo	San Luis	PIT @ STL
2386	Nelson Briles	9	4	Sencillo	San Luis	PIT @ STL
2387	Nelson Briles	9	5	Sencillo	San Luis	PIT @ STL
2388	Ray Washburn	10	3	Sencillo	San Luis	PIT @ STL
2389	Joe Niekro	15	1	HR	Chicago	PIT @ CHC
2390	Joe Niekro	15	5	Sencillo	Chicago	PIT @ CHC
2391	Jerry Koosman	16	1	Sencillo	Pittsburgh	NYM @ PIT
2392	Nolan Ryan	16	4	Sencillo	Pittsburgh	NYM @ PIT
2393	Ron Taylor	16	8	Doble	Pittsburgh	NYM @ PIT
2394	Grant Jackson	19	4	Sencillo	Filadelfia	PIT @ PHI
2395	Bill Hands	22	1	Sencillo	Pittsburgh	CHC @ PIT
2396	Alec Distaso	22	4	Sencillo	Pittsburgh	CHC @ PIT
2397	Rich Nye	22	7	Sencillo	Pittsburgh	CHC @ PIT
2398	Steve Shea	25	7	Sencillo	Pittsburgh	MON @ PIT
2399	Bill Stoneman	26	6	HR	Pittsburgh	MON @ PIT
2400	Larry Jaster	27	9	Sencillo	Pittsburgh	MON @ PIT
MAYO							
2401	Don Sutton	16	9	Sencillo	Los Ángeles	PIT @ LAD
2402	Bill Singer	18	6	Sencillo	Los Ángeles	PIT @ LAD

HIT	LANZADOR	DÍA	ENTRADA	TIPO DE HIT	CIUDAD	EQUIPOS
2403	Billy McCool	21	7	Sencillo	San Diego	PIT @ SDP
2404	Clay Kirby	22	1	Sencillo	San Diego	PIT @ SDP
2405	Clay Kirby	22	6	HR	San Diego	PIT @ SDP
2406	Billy McCool	22	9	Sencillo	San Diego	PIT @ SDP
2407	Rich Robertson	23	6	Sencillo	San Francisco	PIT @ SFG
2408	Tony Cloninger	28	5	Sencillo	Cincinnati	PIT @ CIN
2409	George Culver	28	7	Sencillo	Cincinnati	PIT @ CIN
2410	Jim Merritt	29	4	Doble	Cincinnati	PIT @ CIN
2411	Jim Merritt	29	8	HR	Cincinnati	PIT @ CIN
2412	Denny Lemaster	30	3	Triple	Pittsburgh	HOU @ PIT
2413	Danny Coombs	30	8	Sencillo	Pittsburgh	HOU @ PIT
2414	Jim Ray	31	6	Triple	Pittsburgh	HOU @ PIT
2415	Jack Billingham	31	8	Sencillo	Pittsburgh	HOU @ PIT
		JUNIO				
2416	Skip Guinn	1	6	Doble	Pittsburgh	HOU @ PIT
2417	Jim Merritt	3	6	HR	Pittsburgh	CIN @ PIT
2418	George Culver	4	4	Sencillo	Pittsburgh	CIN @ PIT
2419	George Culver	4	6	Sencillo	Pittsburgh	CIN @ PIT
2420	Phil Niekro	6	6	Sencillo	Atlanta	PIT @ ATL
2421	Pat Jarvis	7	3	Sencillo	Atlanta	PIT @ ATL
2422	Ken Johnson	7	6	Sencillo	Atlanta	PIT @ ATL
2423	Claude Raymond	7	8	Triple	Atlanta	PIT @ ATL

HIT	LANZADOR	DÍA	ENTRADA	TIPO DE HIT	CIUDAD	EQUIPOS
2424	Claude Raymond	7	9	HR	Atlanta	PIT @ ATL
2425	Milt Pappas	8	9	Sencillo	Atlanta	PIT @ ATL
2426	Tom Griffin	10	5	Sencillo	Houston	PIT @ HOU
2427	Jack Billingham	11	6	HR	Houston	PIT @ HOU
2428	Jim Ray	12	6	HR	Houston	PIT @ HOU
2429	Milt Pappas	13	4	Sencillo	Pittsburgh	ATL @ PIT
2430	Cecil Upshaw	14	8	Sencillo	Pittsburgh	ATL @ PIT
2431	Ron Reed	15	6	Sencillo	Pittsburgh	ATL @ PIT
2432	Ron Reed	15	8	Sencillo	Pittsburgh	ATL @ PIT
2433	Dick Selma	16	1	Sencillo	Pittsburgh	CHC @ PIT
2434	Phil Regan	16	8	Triple	Pittsburgh	CHC @ PIT
2435	Fergie Jenkins	17	7	Sencillo	Pittsburgh	CHC @ PIT
2436	Ken Holtzman	18	3	Sencillo	Pittsburgh	CHC @ PIT
2437	Ken Holtzman	18	8	HR	Pittsburgh	CHC @ PIT
2438	Phil Regan	18	10	Doble	Pittsburgh	CHC @ PIT
2439	Woodie Fryman	20	1	Sencillo	Filadelfia	PIT @ PHI
2440	Woodie Fryman	20	3	Sencillo	Filadelfia	PIT @ PHI
2441	Lowell Palmer	21	6	Sencillo	Filadelfia	PIT @ PHI
2442	Lowell Palmer	21	8	Doble	Filadelfia	PIT @ PHI
2443	John Boozer	21	9	Sencillo	Filadelfia	PIT @ PHI
2444	Bill Champion	22	1	Sencillo	Filadelfia	PIT @ PHI
2445	Bill Champion	22	3	Sencillo	Filadelfia	PIT @ PHI

HIT	LANZADOR	DÍA	ENTRADA	TIPO DE HIT	CIUDAD	EQUIPOS
2446	Al Raffo	22	9	Sencillo	Filadelfia	PIT @ PHI
2447	Grant Jackson	22	1	Triple	Filadelfia	PIT @ PHI
2448	Grant Jackson	22	3	Sencillo	Filadelfia	PIT @ PHI
2449	Bill Hands	24	3	Sencillo	Chicago	PIT @ CHC
2450	Bill Hands	24	5	Sencillo	Chicago	PIT @ CHC
2451	Ted Abernathy	26	8	HR	Chicago	PIT @ CHC
2452	Woodie Fryman	30	9	Sencillo	Pittsburgh	PHI @ PIT
JULIO						
2453	Bill Wilson	1	7	Sencillo	Pittsburgh	PHI @ PIT
2454	Bill Wilson	1	9	Sencillo	Pittsburgh	PHI @ PIT
2455	Tom Seaver	4	1	Sencillo	Pittsburgh	NYM @ PIT
2456	Tom Seaver	4	8	Doble	Pittsburgh	NYM @ PIT
2457	Cal Koonce	4	9	Doble	Pittsburgh	NYM @ PIT
2458	Don Cardwell	4	3	Sencillo	Pittsburgh	NYM @ PIT
2459	Jack DiLauro	4	8	Sencillo	Pittsburgh	NYM @ PIT
2460	Jim McAndrew	6	1	Sencillo	Pittsburgh	NYM @ PIT
2461	Danny Frisella	6	2	Sencillo	Pittsburgh	NYM @ PIT
2462	Cal Koonce	6	7	Sencillo	Pittsburgh	NYM @ PIT
2463	Mike Wegener	8	1	Sencillo	Pittsburgh	MON @ PIT
2464	Mike Wegener	8	3	Sencillo	Pittsburgh	MON @ PIT
2465	Bill Stoneman	8	7	HR	Pittsburgh	MON @ PIT
2466	Howie Reed	9	5	Sencillo	Pittsburgh	MON @ PIT

HIT	LANZADOR	DÍA	ENTRADA	TIPO DE HIT	CIUDAD	EQUIPOS
2467	Gary Waslewski	10	8	Sencillo	Pittsburgh	MON @ PIT
2468	Steve Carlton	11	6	Sencillo	San Luis	PIT @ STL
2469	Ray Washburn	12	7	HR	San Luis	PIT @ STL
2470	Bob Gibson	13	8	HR	San Luis	PIT @ STL
2471	Bill Stoneman	14	2	Sencillo	Montreal	PIT @ MON
2472	Bill Stoneman	14	4	Doble	Montreal	PIT @ MON
2473	Bill Stoneman	14	8	Sencillo	Montreal	PIT @ MON
2474	Steve Renko	15	4	Triple	Montreal	PIT @ MON
2475	Dan McGinn	16	6	Sencillo	Montreal	PIT @ MON
2476	Dick Radatz	16	9	Sencillo	Montreal	PIT @ MON
2477	Howie Reed	17	1	Sencillo	Montreal	PIT @ MON
2478	Bob Gibson	18	3	HR	Pittsburgh	STL @ PIT
2479	Nelson Briles	19	1	Triple	Pittsburgh	STL @ PIT
2480	Nelson Briles	19	3	Sencillo	Pittsburgh	STL @ PIT
2481	Joe Niekro	25	7	Sencillo	Pittsburgh	SDP @ PIT
2482	Dave Roberts	26	3	Sencillo	Pittsburgh	SDP @ PIT
2483	Dave Roberts	26	7	Doble	Pittsburgh	SDP @ PIT
2484	Billy McCool	26	10	Sencillo	Pittsburgh	SDP @ PIT
2485	Clay Kirby	27	2	Sencillo	Pittsburgh	SDP @ PIT
2486	Clay Kirby	27	4	Sencillo	Pittsburgh	SDP @ PIT
2487	Clay Kirby	27	6	Sencillo	Pittsburgh	SDP @ PIT
2488	Jack Baldschun	27	8	Sencillo	Pittsburgh	SDP @ PIT

HIT	LANZADOR	DÍA	ENTRADA	TIPO DE HIT	CIUDAD	EQUIPOS
2489	Claude Osteen	30	8	Sencillo	Pittsburgh	LAD @ PIT
2490	Bill Singer	31	4	Sencillo	Pittsburgh	LAD @ PIT
2491	Bill Singer	31	7	Sencillo	Pittsburgh	LAD @ PIT
2492	Bill Singer	31	9	Sencillo	Pittsburgh	LAD @ PIT
2493	Jim Brewer	31	11	Sencillo	Pittsburgh	LAD @ PIT
			AGOSTO			
2494	Mike McCormick	1	3	Sencillo	Pittsburgh	SFG @ PIT
2495	Juan Marichal	2	1	Sencillo	Pittsburgh	SFG @ PIT
2496	Juan Marichal	2	5	Doble	Pittsburgh	SFG @ PIT
2497	Gaylord Perry	3	6	Sencillo	Pittsburgh	SFG @ PIT
2498	Gaylord Perry	3	8	HR	Pittsburgh	SFG @ PIT
2499	Don Drysdale	5	3	Sencillo	Los Ángeles	PIT @ LAD
2500	Pete Mikkelsen	5	9	Sencillo	Los Ángeles	PIT @ LAD
2501	Claude Osteen	7	4	Sencillo	Los Ángeles	PIT @ LAD
2502	Dick Kelley	10	2	Sencillo	San Diego	PIT @ SDP
2503	Dick Kelley	10	3	Sencillo	San Diego	PIT @ SDP
2504	Dick Kelley	10	5	Triple	San Diego	PIT @ SDP
2505	Clay Kirby	10	4	HR	San Diego	PIT @ SDP
2506	Dave Roberts	10	6	Sencillo	San Diego	PIT @ SDP
2507	Tommie Sisk	10	9	Doble	San Diego	PIT @ SDP
2508	Gaylord Perry	12	4	Sencillo	San Francisco	PIT @ SFG
2509	Mike McCormick	13	1	HR	San Francisco	PIT @ SFG

HIT	LANZADOR	DÍA	ENTRADA	TIPO DE HIT	CIUDAD	EQUIPOS
2510	Mike McCormick	13	3	HR	San Francisco	PIT @ SFG
2511	Bobby Bolin	13	6	HR	San Francisco	PIT @ SFG
2512	Frank Linzy	13	8	Sencillo	San Francisco	PIT @ SFG
2513	Al Jackson	15	8	Sencillo	Cincinnati	PIT @ CIN
2514	Jim Merritt	16	4	Doble	Cincinnati	PIT @ CIN
2515	Jim Merritt	16	8	Sencillo	Cincinnati	PIT @ CIN
2516	Jack Fisher	17	5	Sencillo	Cincinnati	PIT @ CIN
2517	Wayne Granger	17	9	Sencillo	Cincinnati	PIT @ CIN
2518	Gerry Arrigo	18	2	Sencillo	Cincinnati	PIT @ CIN
2519	Gerry Arrigo	18	3	Sencillo	Cincinnati	PIT @ CIN
2520	Gerry Arrigo	18	7	Sencillo	Cincinnati	PIT @ CIN
2521	Al Jackson	22	6	Triple	Pittsburgh	CIN @ PIT
2522	Gerry Arrigo	23	5	Sencillo	Pittsburgh	CIN @ PIT
2523	Jim Maloney	24	3	Sencillo	Pittsburgh	CIN @ PIT
2524	Jim Maloney	24	5	Doble	Pittsburgh	CIN @ PIT
2525	Pedro Ramos	24	8	Sencillo	Pittsburgh	CIN @ PIT
2526	Ron Reed	26	6	Doble	Pittsburgh	ATL @ PIT
2527	Phil Niekro	27	9	Triple	Pittsburgh	ATL @ PIT
2528	George Stone	28	1	Sencillo	Pittsburgh	ATL @ PIT
2529	George Stone	28	6	Sencillo	Pittsburgh	ATL @ PIT
2530	George Stone	28	8	Sencillo	Pittsburgh	ATL @ PIT
2531	Jim Bouton	29	6	Doble	Houston	PIT @ HOU

HIT	LANZADOR	DÍA	ENTRADA	TIPO DE HIT	CIUDAD	EQUIPOS
SEPTIEMBRE						
2532	George Stone	1	5	Sencillo	Atlanta	PIT @ ATL
2533	Ken Holtzman	5	2	Sencillo	Chicago	PIT @ CHC
2534	Fergie Jenkins	6	1	Sencillo	Chicago	PIT @ CHC
2535	Don Nottebart	6	3	Sencillo	Chicago	PIT @ CHC
2536	Joe Hoerner	10	7	Sencillo	Pittsburgh	STL @ PIT
2537	Steve Carlton	11	6	Triple	Pittsburgh	STL @ PIT
2538	Jerry Koosman	12	2	Sencillo	Pittsburgh	NYM @ PIT
2539	Jerry Koosman	12	4	Sencillo	Pittsburgh	NYM @ PIT
2540	Tom Seaver	13	8	Sencillo	Pittsburgh	NYM @ PIT
2541	Nelson Briles	18	2	Sencillo	San Luis	PIT @ STL
2542	Nolan Ryan	19	2	Sencillo	Nueva York	PIT @ NYM
2543	Jerry Koosman	21	6	Doble	Nueva York	PIT @ NYM
2544	Jerry Koosman	21	8	Sencillo	Nueva York	PIT @ NYM
2545	Grant Jackson	23	4	Doble	Pittsburgh	PHI @ PIT
2546	Rick Wise	25	4	Triple	Pittsburgh	PHI @ PIT
2547	Rick Wise	25	5	Sencillo	Pittsburgh	PHI @ PIT
2548	Jeff James	25	5	Doble	Pittsburgh	PHI @ PIT
2549	Fergie Jenkins	26	2	Sencillo	Pittsburgh	CHC @ PIT
2550	Fergie Jenkins	26	7	Sencillo	Pittsburgh	CHC @ PIT
2551	Ken Holtzman	27	3	Doble	Pittsburgh	CHC @ PIT
2552	Joe Decker	27	5	Sencillo	Pittsburgh	CHC @ PIT
2553	Bill Hands	28	1	Sencillo	Pittsburgh	CHC @ PIT
2554	Bill Hands	28	7	Sencillo	Pittsburgh	CHC @ PIT

HIT	LANZADOR	DÍA	ENTRADA	TIPO DE HIT	CIUDAD	EQUIPOS
		OCTUBRE				
2555	Steve Renko	1	1	Sencillo	Pittsburgh	MON @ PIT
2556	Howie Reed	1	9	Sencillo	Pittsburgh	MON @ PIT
2557	Jerry Robertson	2	3	Sencillo	Pittsburgh	MON @ PIT
2558	Jerry Robertson	2	6	Sencillo	Pittsburgh	MON @ PIT
2559	Gary Waslewski	2	7	Doble	Pittsburgh	MON @ PIT

RESUMEN · TEMPORADA 1969

26 de abril	Clemente conectó su único jonrón en Grandes Ligas con un compañero puertorriqueño en las bases (José Antonio Pagán)
11 de junio	Clemente conectó el séptimo jonrón con las bases llenas de su carrera.
14 de julio	Clemente conectó su primer hit fuera de Estados Unidos al conectar su primer hit en Canadá.
2 de octubre	**Clemente conectó el último hit de la década. Clemente fue el jugador que más hits conectó en la década de 1960.** (1,877 hits)
	Clemente conectó hit en ambos partidos de un doble juego los siguientes días: 22 de abril, 22 de junio, 4 de julio, 10 de agosto y 25 de septiembre.
2 de octubre	Clemente finalizó su décima temporada con un promedio ofensivo de .300.
	Clemente finalizó la temporada con un promedio ofensivo de .392 en juegos locales. (marca personal)

3

CLEMENTE
LA LEYENDA

Clemente recibiendo un homenaje en Atlanta. Se observa a Luis Rodríguez Mayoral. (1972)

TEMPORADA DE 1970

HIT	LANZADOR	DÍA	ENTRADA	TIPO DE HIT	CIUDAD	EQUIPOS
			ABRIL			
2560	Tom Seaver	7	1	Sencillo	Pittsburgh	NYM @ PIT
2561	Tom Seaver	7	6	Sencillo	Pittsburgh	NYM @ PIT
2562	Tom Seaver	7	8	Sencillo	Pittsburgh	NYM @ PIT
2563	Jerry Koosman	9	1	Sencillo	Pittsburgh	NYM @ PIT
2564	Woodie Fryman	10	9	Sencillo	Filadelfia	PIT @ PHI
2565	Grant Jackson	11	3	Triple	Filadelfia	PIT @ PHI
2566	Jim Bunning	12	4	Sencillo	Filadelfia	PIT @ PHI
2567	Jim Bunning	12	7	Sencillo	Filadelfia	PIT @ PHI
2568	Jim Bunning	12	10	Sencillo	Filadelfia	PIT @ PHI
2569	Jerry Koosman	14	6	Sencillo	Nueva York	PIT @ NYM
2570	Tug McGraw	16	7	Sencillo	Nueva York	PIT @ NYM
2571	Larry Dierker	21	1	Sencillo	Pittsburgh	HOU @ PIT
2572	Larry Dierker	21	6	HR	Pittsburgh	HOU @ PIT
2573	Denny Lemaster	22	1	Doble	Pittsburgh	HOU @ PIT
2574	Denny Lemaster	22	3	Doble	Pittsburgh	HOU @ PIT
2575	Denny Lemaster	22	5	Triple	Pittsburgh	HOU @ PIT
2576	Pat Jarvis	23	7	Sencillo	Pittsburgh	ATL @ PIT
2577	Jim Nash	24	8	Doble	Pittsburgh	ATL @ PIT
2578	George Stone	25	1	Doble	Pittsburgh	ATL @ PIT

HIT	LANZADOR	DÍA	ENTRADA	TIPO DE HIT	CIUDAD	EQUIPOS
2579	George Stone	25	6	Doble	Pittsburgh	ATL @ PIT
2580	Bob Priddy	25	7	Sencillo	Pittsburgh	ATL @ PIT
2581	Joe Decker	27	1	Sencillo	Pittsburgh	CHC @ PIT
2582	Joe Decker	27	9	Triple	Pittsburgh	CHC @ PIT
2583	Bill Hands	29	1	Sencillo	Pittsburgh	CHC @ PIT
2584	Phil Regan	29	8	Sencillo	Pittsburgh	CHC @ PIT

MAYO

HIT	LANZADOR	DÍA	ENTRADA	TIPO DE HIT	CIUDAD	EQUIPOS
2585	Wayne Simpson	1	6	Sencillo	Cincinnati	PIT @ CIN
2586	Wayne Granger	1	9	Sencillo	Cincinnati	PIT @ CIN
2587	Jim Merritt	3	7	Doble	Cincinnati	PIT @ CIN
2588	Jim Nash	4	5	Sencillo	Atlanta	PIT @ ATL
2589	Jim Nash	4	7	Sencillo	Atlanta	PIT @ ATL
2590	Tom Griffin	9	1	Sencillo	Houston	PIT @ HOU
2591	Tom Griffin	9	3	Triple	Houston	PIT @ HOU
2592	Tom Griffin	9	4	Sencillo	Houston	PIT @ HOU
2593	Ron Cook	9	6	Sencillo	Houston	PIT @ HOU
2594	Jim Merritt	12	4	HR	Pittsburgh	CIN @ PIT
2595	Bob Gibson	13	6	Sencillo	San Luis	PIT @ STL
2596	George Culver	14	5	Doble	San Luis	PIT @ STL
2597	Dan McGinn	15	1	Doble	Pittsburgh	MON @ PIT
2598	Dan McGinn	15	9	Sencillo	Pittsburgh	MON @ PIT
2599	Carl Morton	16	1	Triple	Pittsburgh	MON @ PIT

HIT	LANZADOR	DÍA	ENTRADA	TIPO DE HIT	CIUDAD	EQUIPOS
2600	Steve Renko	17	4	Sencillo	Pittsburgh	MON @ PIT
2601	John Strohmayer	17	6	Sencillo	Pittsburgh	MON @ PIT
2602	Rick Wise	20	3	Triple	Pittsburgh	PHI @ PIT
2603	Rick Wise	20	8	Sencillo	Pittsburgh	PHI @ PIT
2604	Steve Renko	21	1	Triple	Montreal	PIT @ MON
2605	Steve Renko	21	3	Sencillo	Montreal	PIT @ MON
2606	Steve Renko	21	7	Sencillo	Montreal	PIT @ MON
2607	Bill Stoneman	22	4	Sencillo	Montreal	PIT @ MON
2608	John Strohmayer	23	5	HR	Montreal	PIT @ MON
2609	Ken Holtzman	26	3	Doble	Chicago	PIT @ CHC
2610	Fergie Jenkins	27	1	Sencillo	Chicago	PIT @ CHC
2611	Fergie Jenkins	27	5	Sencillo	Chicago	PIT @ CHC
2612	Bill Hands	28	3	Sencillo	Chicago	PIT @ CHC
2613	Mike McCormick	30	1	Sencillo	Pittsburgh	SFG @ PIT
2614	Mike McCormick	30	4	Sencillo	Pittsburgh	SFG @ PIT
2615	Bill Faul	30	8	Sencillo	Pittsburgh	SFG @ PIT
			JUNIO			
2616	Joe Moeller	5	4	Sencillo	Pittsburgh	LAD @ PIT
2617	Don Sutton	6	1	Sencillo	Pittsburgh	LAD @ PIT
2618	Don Sutton	6	7	HR	Pittsburgh	LAD @ PIT
2619	Alan Foster	7	4	Sencillo	Pittsburgh	LAD @ PIT
2620	Juan Marichal	9	4	Sencillo	San Francisco	PIT @ SFG

HIT	LANZADOR	DÍA	ENTRADA	TIPO DE HIT	CIUDAD	EQUIPOS
2621	Juan Marichal	9	9	Sencillo	San Francisco	PIT @ SFG
2622	Gaylord Perry	10	1	Sencillo	San Francisco	PIT @ SFG
2623	Gaylord Perry	10	6	Sencillo	San Francisco	PIT @ SFG
2624	Danny Coombs	12	1	Sencillo	San Diego	PIT @ SDP
2625	Danny Coombs	12	4	Sencillo	San Diego	PIT @ SDP
2626	Jerry Reuss	22	4	Sencillo	Pittsburgh	STL @ PIT
2627	Chuck Taylor	23	1	Sencillo	Pittsburgh	STL @ PIT
2628	Chuck Hartenstein	23	6	Sencillo	Pittsburgh	STL @ PIT
2629	Al Hrabosky	24	1	Sencillo	Pittsburgh	STL @ PIT
2630	Al Hrabosky	24	6	Doble	Pittsburgh	STL @ PIT
2631	Steve Carlton	25	4	Sencillo	Pittsburgh	STL @ PIT
2632	Steve Carlton	25	6	Sencillo	Pittsburgh	STL @ PIT
2633	Fergie Jenkins	27	9	Sencillo	Pittsburgh	CHC @ PIT
2634	Bill Hands	28	6	Sencillo	Pittsburgh	CHC @ PIT
2635	Bill Hands	28	8	Doble	Pittsburgh	CHC @ PIT
2636	Tom Seaver	29	9	Sencillo	Nueva York	PIT @ NYM
			JULIO			
2637	Jim McAndrew	1	4	Sencillo	Nueva York	PIT @ NYM
2638	Bill Hands	3	1	HR	Chicago	PIT @ CHC
2639	Bill Hands	3	2	HR	Chicago	PIT @ CHC
2640	Phil Regan	3	9	Sencillo	Chicago	PIT @ CHC
2641	Ken Holtzman	4	1	Sencillo	Chicago	PIT @ CHC

HIT	LANZADOR	DÍA	ENTRADA	TIPO DE HIT	CIUDAD	EQUIPOS
2642	Ken Holtzman	4	3	HR	Chicago	PIT @ CHC
2643	Ken Holtzman	4	5	Sencillo	Chicago	PIT @ CHC
2644	Archie Reynolds	4	8	HR	Chicago	PIT @ CHC
2645	Fergie Jenkins	5	5	Sencillo	Chicago	PIT @ CHC
2646	Jim Bunning	6	1	Doble	Filadelfia	PIT @ PHI
2647	Jim Bunning	6	5	Sencillo	Filadelfia	PIT @ PHI
2648	Jim Bunning	6	7	Sencillo	Filadelfia	PIT @ PHI
2649	Fred Wenz	6	9	Doble	Filadelfia	PIT @ PHI
2650	Chris Short	7	6	Doble	Filadelfia	PIT @ PHI
2651	Chris Short	7	8	HR	Filadelfia	PIT @ PHI
2652	Rick Wise	8	6	Sencillo	Filadelfia	PIT @ PHI
2653	Steve Carlton	9	3	Sencillo	San Luis	PIT @ STL
2654	Steve Carlton	9	5	Sencillo	San Luis	PIT @ STL
2655	Bob Gibson	10	1	Sencillo	San Luis	PIT @ STL
2656	Bob Gibson	10	6	Triple	San Luis	PIT @ STL
2657	Jerry Reuss	11	1	Sencillo	San Luis	PIT @ STL
2658	Sal Campisi	11	2	Sencillo	San Luis	PIT @ STL
2659	Wayne Simpson	17	1	Sencillo	Pittsburgh	CIN @ PIT
2660	Wayne Simpson	17	6	Triple	Pittsburgh	CIN @ PIT
2661	Wayne Simpson	17	8	HR	Pittsburgh	CIN @ PIT
2662	Jim Merritt	18	8	Doble	Pittsburgh	CIN @ PIT
2663	Denny Lemaster	20	1	HR	Houston	PIT @ HOU

HIT	LANZADOR	DÍA	ENTRADA	TIPO DE HIT	CIUDAD	EQUIPOS
2664	Denny Lemaster	20	8	Doble	Houston	PIT @ HOU
2665	Don Wilson	21	3	Sencillo	Houston	PIT @ HOU
2666	George Stone	22	7	Sencillo	Pittsburgh	ATL @ PIT
2667	Mike McQueen	23	8	Doble	Pittsburgh	ATL @ PIT
2668	Tom Griffin	24	1	Sencillo	Pittsburgh	HOU @ PIT
2669	Jim Bouton	24	5	Sencillo	Pittsburgh	HOU @ PIT
2670	Ron Cook	25	1	Sencillo	Pittsburgh	HOU @ PIT
AGOSTO						
2671	Jerry Koosman	8	1	Doble	Pittsburgh	NYM @ PIT
2672	Jerry Koosman	8	7	HR	Pittsburgh	NYM @ PIT
2673	Ron Taylor	9	8	Triple	Pittsburgh	NYM @ PIT
2674	Tom Seaver	10	3	Sencillo	Pittsburgh	NYM @ PIT
2675	Tom Seaver	10	8	Sencillo	Pittsburgh	NYM @ PIT
2676	Pete Mikkelsen	12	9	Sencillo	Pittsburgh	LAD @ PIT
2677	Dave Roberts	14	7	HR	Pittsburgh	SDP @ PIT
2678	Danny Coombs	16	4	Sencillo	Pittsburgh	SDP @ PIT
2679	Ron Herbel	16	5	Sencillo	Pittsburgh	SDP @ PIT
2680	Gaylord Perry	17	1	Sencillo	Pittsburgh	SFG @ PIT
2681	Don Carrithers	18	7	Sencillo	Pittsburgh	SFG @ PIT
2682	Claude Osteen	21	5	Sencillo	Los Ángeles	PIT @ LAD
2683	Don Sutton	22	1	Sencillo	Los Ángeles	PIT @ LAD
2684	Don Sutton	22	3	Sencillo	Los Ángeles	PIT @ LAD

HIT	LANZADOR	DÍA	ENTRADA	TIPO DE HIT	CIUDAD	EQUIPOS
2685	Don Sutton	22	6	Sencillo	Los Ángeles	PIT @ LAD
2686	Pete Mikkelsen	22	14	Sencillo	Los Ángeles	PIT @ LAD
2687	Pete Mikkelsen	22	16	Sencillo	Los Ángeles	PIT @ LAD
2688	Alan Foster	23	1	Sencillo	Los Ángeles	PIT @ LAD
2689	Alan Foster	23	2	Sencillo	Los Ángeles	PIT @ LAD
2690	Alan Foster	23	4	Doble	Los Ángeles	PIT @ LAD
2691	Charlie Hough	23	7	Sencillo	Los Ángeles	PIT @ LAD
2692	Charlie Hough	23	8	HR	Los Ángeles	PIT @ LAD
2693	Pat Dobson	26	3	Sencillo	San Diego	PIT @ SDP
2694	Pat Dobson	26	6	Sencillo	San Diego	PIT @ SDP
2695	Pat Dobson	26	8	Sencillo	San Diego	PIT @ SDP
2696	Juan Marichal	28	1	Sencillo	San Francisco	PIT @ SFG
2697	Mike Davison	29	8	Sencillo	San Francisco	PIT @ SFG
2698	Ron Bryant	30	7	Sencillo	San Francisco	PIT @ SFG
			SEPTIEMBRE			
2699	Howie Reed	1	9	Sencillo	Montreal	PIT @ MON
2700	Carl Morton	2	4	Sencillo	Montreal	PIT @ MON
2701	Carl Morton	2	6	Doble	Montreal	PIT @ MON
2702	Gary Gentry	19	3	Doble	Nueva York	PIT @ NYM
2703	Jim McAndrew	27	1	Sencillo	Pittsburgh	NYM @ PIT
2704	Jim McAndrew	27	3	Doble	Pittsburgh	NYM @ PIT

RESUMEN · TEMPORADA 1970

28 de junio
: Clemente conectó el último hit de su carrera en el Forbes Field de Pittsburgh.

7 de julio
: Clemente conectó el primer hit de su carrera en el Estadio Tres Ríos de Pittsburgh.

24 de julio
: Clemente se convirtió en el primer pelotero en recibir un homenaje en una transmisión en vivo vía satélite. En la Noche de Roberto Clemente el himno de Puerto Rico fue interpretado por la Coral del Banco Popular.

Clemente finalizó el mes de julio con un promedio ofensivo de .425. (marca personal).

22 de agosto y 23 de agosto
: Clemente conectó cinco hits en dos juegos consecutivos.

27 de sept
: Clemente finalizó su undécima temporada con un promedio ofensivo de .300.

Clemente en uno de sus cumpleaños. (1970)

Roberto Clemente con sus tres hijos en una clínica en el Parque Colón de Aguadilla. (1972)

Clemente en una clínica en Summit Hills. (1972)

Clemente junto a Felo Ramírez, Ramiro Martínez y Carlos de Jesús, horas después de conectar el hit 3000. (30 de septiembre de 1972)

TEMPORADA DE 1971

HIT	LANZADOR	DÍA	ENTRADA	TIPO DE HIT	CIUDAD	EQUIPOS
ABRIL						
2705	Woodie Fryman	8	1	Sencillo	Pittsburgh	PHI @ PIT
2706	Woodie Fryman	8	6	Sencillo	Pittsburgh	PHI @ PIT
2707	Pat Jarvis	9	1	Doble	Atlanta	PIT @ ATL
2708	Pat Jarvis	9	5	Sencillo	Atlanta	PIT @ ATL
2709	Ron Herbel	9	6	Sencillo	Atlanta	PIT @ ATL
2710	Cecil Upshaw	10	12	Sencillo	Atlanta	PIT @ ATL
2711	Jim Nash	11	6	Sencillo	Atlanta	PIT @ ATL
2712	Rick Wise	12	7	Doble	Filadelfia	PIT @ PHI
2713	Chris Short	13	5	Sencillo	Filadelfia	PIT @ PHI
2714	Woodie Fryman	14	5	Sencillo	Filadelfia	PIT @ PHI
2715	Danny Frisella	17	9	Triple	Nueva York	PIT @ NYM
2716	Gary Gentry	18	6	Triple	Nueva York	PIT @ NYM
2717	Tom Kelley	21	6	Triple	Pittsburgh	ATL @ PIT
2718	Steve Barber	21	7	Sencillo	Pittsburgh	ATL @ PIT
2719	Steve Stone	23	1	Sencillo	Pittsburgh	SFG @ PIT
2720	Ron Bryant	24	1	Sencillo	Pittsburgh	SFG @ PIT
2721	Ron Bryant	24	7	Sencillo	Pittsburgh	SFG @ PIT
2722	Juan Marichal	25	1	Sencillo	Pittsburgh	SFG @ PIT
2723	Claude Osteen	27	3	Sencillo	Pittsburgh	LAD @ PIT

HIT	LANZADOR	DÍA	ENTRADA	TIPO DE HIT	CIUDAD	EQUIPOS
2724	Don Sutton	28	5	Doble	Pittsburgh	LAD @ PIT
2725	Dave Roberts	30	6	Sencillo	Pittsburgh	SDP @ PIT
			MAYO			
2726	Steve Stone	4	7	Sencillo	San Francisco	PIT @ SFG
2727	Don McMahon	4	8	Sencillo	San Francisco	PIT @ SFG
2728	Don Sutton	7	4	Sencillo	Los Ángeles	PIT @ LAD
2729	Al Downing	8	1	Sencillo	Los Ángeles	PIT @ LAD
2730	Al Downing	8	3	Sencillo	Los Ángeles	PIT @ LAD
2731	Al Downing	8	7	Sencillo	Los Ángeles	PIT @ LAD
2732	Jim Brewer	8	9	Sencillo	Los Ángeles	PIT @ LAD
2733	Sandy Vance	9	1	Sencillo	Los Ángeles	PIT @ LAD
2734	Pete Mikkelsen	9	8	Sencillo	Los Ángeles	PIT @ LAD
2735	Danny Coombs	11	1	HR	San Diego	PIT @ SDP
2736	Al Santorini	11	7	Doble	San Diego	PIT @ SDP
2737	Dave Roberts	12	1	Sencillo	San Diego	PIT @ SDP
2738	Jerry Koosman	14	3	Sencillo	Pittsburgh	NYM @ PIT
2739	Jerry Koosman	14	8	Sencillo	Pittsburgh	NYM @ PIT
2740	Carl Morton	17	5	Sencillo	Pittsburgh	MON @ PIT
2741	Carl Morton	17	8	HR	Pittsburgh	MON @ PIT
2742	Mike Marshall	17	9	Triple	Pittsburgh	MON @ PIT
2743	Bill Stoneman	18	5	Sencillo	Pittsburgh	MON @ PIT
2744	Bill Stoneman	18	8	Sencillo	Pittsburgh	MON @ PIT

HIT	LANZADOR	DÍA	ENTRADA	TIPO DE HIT	CIUDAD	EQUIPOS
2745	Gary Nolan	19	1	Sencillo	Cincinnati	PIT @ CIN
2746	Gary Nolan	19	3	IPHR	Cincinnati	PIT @ CIN
2747	Gary Nolan	19	5	Triple	Cincinnati	PIT @ CIN
2748	Wayne Granger	19	9	Sencillo	Cincinnati	PIT @ CIN
2749	Claude Raymond	21	9	Sencillo	Montreal	PIT @ MON
2750	Claude Raymond	21	11	Doble	Montreal	PIT @ MON
2751	Howie Reed	21	13	Sencillo	Montreal	PIT @ MON
2752	Ernie McAnally	23	6	Doble	Montreal	PIT @ MON
2753	Ross Grimsley	25	6	HR	Pittsburgh	CIN @ PIT
2754	Tony Cloninger	26	6	Sencillo	Pittsburgh	CIN @ PIT
2755	Jim Merritt	27	2	HR	Pittsburgh	CIN @ PIT
2756	Milt Pappas	28	1	Sencillo	Pittsburgh	CHC @ PIT
2757	Ken Holtzman	30	1	Sencillo	Pittsburgh	CHC @ PIT
2758	Ken Holtzman	30	4	HR	Pittsburgh	CHC @ PIT
			JUNIO			
2759	Rudy Arroyo	1	2	Sencillo	Pittsburgh	STL @ PIT
2760	Reggie Cleveland	2	4	Sencillo	Pittsburgh	STL @ PIT
2761	Ken Forsch	6	4	Sencillo	Pittsburgh	HOU @ PIT
2762	Buddy Harris	6	6	Sencillo	Pittsburgh	HOU @ PIT
2763	Milt Pappas	7	1	Sencillo	Chicago	PIT @ CHC
2764	Milt Pappas	7	5	Doble	Chicago	PIT @ CHC
2765	Bill Bonham	7	8	Sencillo	Chicago	PIT @ CHC

HIT	LANZADOR	DÍA	ENTRADA	TIPO DE HIT	CIUDAD	EQUIPOS
2766	Ken Holtzman	8	4	Sencillo	Chicago	PIT @ CHC
2767	Ken Holtzman	8	6	Sencillo	Chicago	PIT @ CHC
2768	Ken Holtzman	8	9	Sencillo	Chicago	PIT @ CHC
2769	Jerry Reuss	10	6	Sencillo	San Luis	PIT @ STL
2770	Steve Carlton	13	7	Sencillo	San Luis	PIT @ STL
2771	Steve Carlton	13	9	Sencillo	San Luis	PIT @ STL
2772	Wade Blasingame	16	3	Sencillo	Houston	PIT @ HOU
2773	Wade Blasingame	16	7	HR	Houston	PIT @ HOU
2774	Bill Stoneman	20	3	Sencillo	Pittsburgh	MON @ PIT
2775	Bill Stoneman	20	4	Sencillo	Pittsburgh	MON @ PIT
2776	Howie Reed	20	6	Sencillo	Pittsburgh	MON @ PIT
2777	Charlie Williams	22	4	Sencillo	Pittsburgh	NYM @ PIT
2778	Charlie Williams	22	7	Doble	Pittsburgh	NYM @ PIT
2779	Charlie Williams	22	9	Sencillo	Pittsburgh	NYM @ PIT
2780	Gary Gentry	23	1	Sencillo	Pittsburgh	NYM @ PIT
2781	Gary Gentry	23	2	Sencillo	Pittsburgh	NYM @ PIT
2782	Ray Sadecki	23	4	Sencillo	Pittsburgh	NYM @ PIT
2783	Ron Taylor	23	8	Sencillo	Pittsburgh	NYM @ PIT
2784	Chris Short	26	1	Triple	Filadelfia	PIT @ PHI
2785	Bill Wilson	26	6	Doble	Filadelfia	PIT @ PHI
2786	Woodie Fryman	27	1	Sencillo	Filadelfia	PIT @ PHI
2787	Woodie Fryman	27	3	Sencillo	Filadelfia	PIT @ PHI

HIT	LANZADOR	DÍA	ENTRADA	TIPO DE HIT	CIUDAD	EQUIPOS
2788	Joe Hoerner	27	8	HR	Filadelfia	PIT @ PHI
2789	Jerry Reuss	28	4	Sencillo	San Luis	PIT @ STL
			JULIO			
2790	Jerry Koosman	1	1	Sencillo	Nueva York	PIT @ NYM
2791	Jerry Koosman	1	5	Doble	Nueva York	PIT @ NYM
2792	Tug McGraw	1	9	Doble	Nueva York	PIT @ NYM
2793	Fergie Jenkins	2	5	Doble	Chicago	PIT @ CHC
2794	Ray Newman	2	6	Sencillo	Chicago	PIT @ CHC
2795	Milt Pappas	3	6	Sencillo	Chicago	PIT @ CHC
2796	Bill Bonham	4	6	Sencillo	Chicago	PIT @ CHC
2797	Joe Decker	4	8	Sencillo	Chicago	PIT @ CHC
2798	Ray Newman	4	9	Sencillo	Chicago	PIT @ CHC
2799	Ken Holtzman	5	6	Doble	Chicago	PIT @ CHC
2800	Jim McGlothlin	6	6	Triple	Pittsburgh	CIN @ PIT
2801	Clay Carroll	6	8	Sencillo	Pittsburgh	CIN @ PIT
2802	Gary Nolan	7	1	Sencillo	Pittsburgh	CIN @ PIT
2803	Jim Merritt	7	5	Doble	Pittsburgh	CIN @ PIT
2804	Jim Merritt	7	7	Sencillo	Pittsburgh	CIN @ PIT
2805	Don Gullett	8	4	Sencillo	Pittsburgh	CIN @ PIT
2806	Tony Cloninger	8	6	Doble	Pittsburgh	CIN @ PIT
2807	Jim Nash	9	5	Doble	Pittsburgh	ATL @ PIT
2808	Tom House	9	6	Sencillo	Pittsburgh	ATL @ PIT

HIT	LANZADOR	DÍA	ENTRADA	TIPO DE HIT	CIUDAD	EQUIPOS
2809	Danny Coombs	15	17	HR	Pittsburgh	SDP @ PIT
2810	Fred Norman	17	1	Sencillo	Pittsburgh	SDP @ PIT
2811	Fred Norman	17	4	Sencillo	Pittsburgh	SDP @ PIT
2812	Bill Laxton	17	6	Doble	Pittsburgh	SDP @ PIT
2813	Claude Osteen	19	1	Sencillo	Pittsburgh	LAD @ PIT
2814	Claude Osteen	19	6	HR	Pittsburgh	LAD @ PIT
2815	Claude Osteen	19	7	Sencillo	Pittsburgh	LAD @ PIT
2816	Gaylord Perry	20	4	Triple	Pittsburgh	SFG @ PIT
2817	Ron Bryant	21	7	Sencillo	Pittsburgh	SFG @ PIT
2818	Steve Hamilton	22	9	Doble	Pittsburgh	SFG @ PIT
2819	Al Severinsen	24	8	Doble	San Diego	PIT @ SDP
2820	Fred Norman	25	6	Sencillo	San Diego	PIT @ SDP
2821	Fred Norman	25	9	Sencillo	San Diego	PIT @ SDP
2822	Al Downing	27	1	Doble	Los Ángeles	PIT @ LAD
2823	Bill Singer	28	5	Sencillo	Los Ángeles	PIT @ LAD
2824	Bill Singer	28	8	Sencillo	Los Ángeles	PIT @ LAD
2825	José Peña	29	9	Sencillo	Los Ángeles	PIT @ LAD
AGOSTO							
2826	Juan Marichal	1	5	HR	San Francisco	PIT @ SFG
2827	Carl Morton	3	1	Sencillo	Montreal	PIT @ MON
2828	Bill Stoneman	4	1	Sencillo	Montreal	PIT @ MON
2829	Bill Stoneman	4	8	Sencillo	Montreal	PIT @ MON
2830	Ken Reynolds	6	6	Sencillo	Pittsburgh	PHI @ PIT

HIT	LANZADOR	DÍA	ENTRADA	TIPO DE HIT	CIUDAD	EQUIPOS
2831	Chris Short	8	1	Sencillo	Pittsburgh	PHI @ PIT
2832	Chris Short	8	3	Sencillo	Pittsburgh	PHI @ PIT
2833	Juan Pizarro	10	6	Sencillo	Pittsburgh	CHC @ PIT
2834	Fergie Jenkins	11	5	Doble	Pittsburgh	CHC @ PIT
2835	Steve Carlton	12	1	Doble	Pittsburgh	STL @ PIT
2836	Don Shaw	15	8	Sencillo	Pittsburgh	STL @ PIT
2837	Wade Blasingame	17	1	Sencillo	Pittsburgh	HOU @ PIT
2838	Wade Blasingame	17	5	HR	Pittsburgh	HOU @ PIT
2839	Phil Niekro	23	3	Sencillo	Atlanta	PIT @ ATL
2840	Phil Niekro	23	8	Sencillo	Atlanta	PIT @ ATL
2841	Tom Kelley	23	3	HR	Atlanta	PIT @ ATL
2842	Jim Nash	23	4	Sencillo	Atlanta	PIT @ ATL
2843	Steve Barber	23	8	Sencillo	Atlanta	PIT @ ATL
2844	Mike McQueen	24	4	Doble	Atlanta	PIT @ ATL
2845	Pat Jarvis	25	1	Sencillo	Atlanta	PIT @ ATL
2846	Bob Priddy	25	2	Sencillo	Atlanta	PIT @ ATL
2847	Ron Herbel	25	3	Sencillo	Atlanta	PIT @ ATL
2848	Jim Nash	25	5	Sencillo	Atlanta	PIT @ ATL
2849	Tom Kelley	25	9	Sencillo	Atlanta	PIT @ ATL
2850	Jack Billingham	27	5	Sencillo	Houston	PIT @ HOU
2851	George Culver	27	7	Doble	Houston	PIT @ HOU
2852	George Culver	27	8	Sencillo	Houston	PIT @ HOU
2853	Wade Blasingame	29	1	Doble	Houston	PIT @ HOU

HIT	LANZADOR	DÍA	ENTRADA	TIPO DE HIT	CIUDAD	EQUIPOS
2854	Jim Ray	29	7	Sencillo	Houston	PIT @ HOU
2855	Chris Short	30	1	Sencillo	Pittsburgh	PHI @ PIT
2856	Bill Wilson	30	6	Sencillo	Pittsburgh	PHI @ PIT
2857	Ken Reynolds	30	8	Sencillo	Pittsburgh	PHI @ PIT
2858	Barry Lersch	31	4	Sencillo	Pittsburgh	PHI @ PIT
SEPTIEMBRE						
2859	Woodie Fryman	1	1	Sencillo	Pittsburgh	PHI @ PIT
2860	Dick Selma	1	6	Sencillo	Pittsburgh	PHI @ PIT
2861	Steve Renko	3	3	Doble	Pittsburgh	MON @ PIT
2862	Steve Renko	3	5	Doble	Pittsburgh	MON @ PIT
2863	Steve Renko	3	7	Sencillo	Pittsburgh	MON @ PIT
2864	Mike Marshall	3	9	Sencillo	Pittsburgh	MON @ PIT
2865	Juan Pizarro	6	3	Sencillo	Pittsburgh	CHC @ PIT
2866	Juan Pizarro	6	5	Sencillo	Pittsburgh	CHC @ PIT
2867	Phil Regan	6	8	Sencillo	Pittsburgh	CHC @ PIT
2868	Ken Holtzman	6	5	Sencillo	Pittsburgh	CHC @ PIT
2869	Ron Tompkins	6	8	Sencillo	Pittsburgh	CHC @ PIT
2870	Jim Colborn	8	7	Sencillo	Pittsburgh	CHC @ PIT
2871	Bill Stoneman	10	7	Doble	Montreal	PIT @ MON
2872	Phil Regan	13	8	Sencillo	Chicago	PIT @ CHC
2873	Steve Carlton	15	1	Sencillo	Pittsburgh	STL @ PIT
2874	Ray Sadecki	18	1	Sencillo	Pittsburgh	NYM @ PIT
2875	Ray Sadecki	18	6	Sencillo	Pittsburgh	NYM @ PIT

HIT	LANZADOR	DÍA	ENTRADA	TIPO DE HIT	CIUDAD	EQUIPOS
2876	Jerry Koosman	19	1	Sencillo	Pittsburgh	NYM @ PIT
2877	Charlie Williams	19	5	Sencillo	Pittsburgh	NYM @ PIT
2878	Danny Frisella	19	9	Sencillo	Pittsburgh	NYM @ PIT
2879	Stan Williams	22	9	Sencillo	San Luis	PIT @ STL
2880	Jerry Koosman	24	1	Sencillo	Nueva York	PIT @ NYM
2881	Jerry Koosman	24	8	Doble	Nueva York	PIT @ NYM
2882	Bill Champion	30	4	Sencillo	Filadelfia	PIT @ PHI

RESUMEN · TEMPORADA 1971

27 de junio	Clemente se convirtió en el primer jugador en conectar un jonrón en que la pelota cayó en el nivel superior de las gradas del jardín central del Veterans Stadium de Filadelfia. La pelota golpeó la campana ubicada en el nivel superior del jardín central.
25 de agosto	Clemente le conectó un hit a cinco lanzadores diferentes de los Bravos de Atlanta.
1 de sept	Clemente formó parte de la primera alineación abridora de nueve jugadores negros en la historia de Grandes Ligas.
24 de sept	Se celebró un homenaje dedicado a Roberto Clemente en el Shea Stadium de Nueva York. El homenaje fue denominado El Día de Roberto Clemente.

Clemente conectó hit en ambos partidos de un doble juego los siguientes días: 27 de junio, 23 de agosto y 6 de septiembre.

30 de sept	Clemente finalizó su duodécima temporada con un promedio ofensivo de .300.

Clemente recibiendo un obsequio de niños de Bayamón luego de conectar el hit 3000. (1972)

TEMPORADA DE 1972

HIT	LANZADOR	DÍA	ENTRADA	TIPO DE HIT	CIUDAD	EQUIPOS
ABRIL						
2883	Milt Pappas	18	1	Sencillo	Pittsburgh	CHC @ PIT
2884	Milt Pappas	18	3	Sencillo	Pittsburgh	CHC @ PIT
2885	Juan Pizarro	19	1	Sencillo	Pittsburgh	CHC @ PIT
2886	Juan Pizarro	19	8	Sencillo	Pittsburgh	CHC @ PIT
2887	Fergie Jenkins	20	3	Sencillo	Pittsburgh	CHC @ PIT
2888	Woodie Fryman	23	1	Sencillo	Filadelfia	PIT @ PHI
2889	Woodie Fryman	23	3	Doble	Filadelfia	PIT @ PHI
2890	Barry Lersch	23	8	Sencillo	Filadelfia	PIT @ PHI
2891	Gary Nolan	26	1	Sencillo	Pittsburgh	CIN @ PIT
2892	Clay Carroll	27	8	Sencillo	Pittsburgh	CIN @ PIT
2893	Tom Kelley	29	3	Sencillo	Pittsburgh	ATL @ PIT
2894	Phil Niekro	30	8	Doble	Pittsburgh	ATL @ PIT
MAYO						
2895	Dave Roberts	1	5	Sencillo	Pittsburgh	HOU @ PIT
2896	George Culver	1	6	HR	Pittsburgh	HOU @ PIT
2897	Jim Ray	1	9	Doble	Pittsburgh	HOU @ PIT
2898	Gary Nolan	5	7	Doble	Cincinnati	PIT @ CIN
2899	Gary Nolan	5	8	Sencillo	Cincinnati	PIT @ CIN
2900	Pedro Borbón	6	3	Sencillo	Cincinnati	PIT @ CIN

HIT	LANZADOR	DÍA	ENTRADA	TIPO DE HIT	CIUDAD	EQUIPOS
2901	Wayne Simpson	6	7	Sencillo	Cincinnati	PIT @ CIN
2902	Jack Billingham	7	1	Sencillo	Cincinnati	PIT @ CIN
2903	Jack Billingham	7	7	Sencillo	Cincinnati	PIT @ CIN
2904	Pedro Borbón	7	9	Doble	Cincinnati	PIT @ CIN
2905	Tom Kelley	9	1	Triple	Atlanta	PIT @ ATL
2906	Phil Niekro	10	1	Sencillo	Atlanta	PIT @ ATL
2907	Phil Niekro	10	6	Sencillo	Atlanta	PIT @ ATL
2908	Phil Niekro	10	8	Doble	Atlanta	PIT @ ATL
2909	George Culver	13	12	Triple	Houston	PIT @ HOU
2910	Jim Ray	14	9	Sencillo	Houston	PIT @ HOU
2911	Bob Gibson	15	7	HR	Pittsburgh	STL @ PIT
2912	Rick Wise	16	3	Sencillo	Pittsburgh	STL @ PIT
2913	Joe Grzenda	17	5	Doble	Pittsburgh	STL @ PIT
2914	Joe Grzenda	17	6	Sencillo	Pittsburgh	STL @ PIT
2915	Bill Stoneman	19	6	Sencillo	Pittsburgh	MON @ PIT
2916	Joe Gilbert	19	8	Doble	Pittsburgh	MON @ PIT
2917	Denny Lemaster	20	7	Sencillo	Pittsburgh	MON @ PIT
2918	Reggie Cleveland	23	1	Sencillo	San Luis	PIT @ STL
2919	Reggie Cleveland	23	4	Sencillo	San Luis	PIT @ STL
2920	Scipio Spinks	24	4	Sencillo	San Luis	PIT @ STL
2921	Scipio Spinks	24	6	HR	San Luis	PIT @ STL
2922	Dennis Higgins	24	14	Sencillo	San Luis	PIT @ STL

HIT	LANZADOR	DÍA	ENTRADA	TIPO DE HIT	CIUDAD	EQUIPOS
2923	Steve Carlton	26	1	Doble	Pittsburgh	PHI @ PIT
2924	Steve Carlton	26	2	Sencillo	Pittsburgh	PHI @ PIT
2925	Steve Carlton	26	4	Doble	Pittsburgh	PHI @ PIT
2926	Wayne Twitchell	26	8	Sencillo	Pittsburgh	PHI @ PIT
2927	Bill Champion	27	6	Sencillo	Pittsburgh	PHI @ PIT
2928	Woodie Fryman	29	1	Sencillo	Pittsburgh	PHI @ PIT
2929	Woodie Fryman	29	7	Sencillo	Pittsburgh	PHI @ PIT
JUNIO						
2930	Juan Marichal	2	3	Triple	San Francisco	PIT @ SFG
2931	Sam McDowell	3	6	Sencillo	San Francisco	PIT @ SFG
2932	Sam McDowell	3	7	Sencillo	San Francisco	PIT @ SFG
2933	Fred Norman	7	4	Doble	San Diego	PIT @ SDP
2934	Mike Caldwell	7	8	Sencillo	San Diego	PIT @ SDP
2935	Don Sutton	9	1	Sencillo	Los Ángeles	PIT @ LAD
2936	Don Sutton	9	2	Sencillo	Los Ángeles	PIT @ LAD
2937	Don Sutton	9	7	Sencillo	Los Ángeles	PIT @ LAD
2938	Claude Osteen	10	1	Sencillo	Los Ángeles	PIT @ LAD
2939	Pete Mikkelsen	11	7	HR	Los Ángeles	PIT @ LAD
2940	Pete Richert	11	9	Sencillo	Los Ángeles	PIT @ LAD
2941	Sam McDowell	14	6	Sencillo	Pittsburgh	SFG @ PIT
2942	Ron Bryant	15	1	Sencillo	Pittsburgh	SFG @ PIT
2943	Jerry Johnson	15	5	Sencillo	Pittsburgh	SFG @ PIT

HIT	LANZADOR	DÍA	ENTRADA	TIPO DE HIT	CIUDAD	EQUIPOS
2944	Fred Norman	16	1	Sencillo	Pittsburgh	SDP @ PIT
2945	Don Sutton	19	3	Doble	Pittsburgh	LAD @ PIT
2946	Don Sutton	19	5	Doble	Pittsburgh	LAD @ PIT
2947	Mike Strahler	19	8	HR	Pittsburgh	LAD @ PIT
2948	Fergie Jenkins	23	4	Triple	Chicago	PIT @ CHC
2949	Burt Hooton	25	6	Sencillo	Chicago	PIT @ CHC
2950	Burt Hooton	25	8	Sencillo	Chicago	PIT @ CHC
2951	Dan McGinn	30	8	Triple	Pittsburgh	CHC @ PIT
			JULIO			
2952	Fergie Jenkins	1	7	HR	Pittsburgh	CHC @ PIT
2953	Fergie Jenkins	1	9	HR	Pittsburgh	CHC @ PIT
2954	Burt Hooton	3	4	Sencillo	Pittsburgh	CHC @ PIT
2955	Ken Forsch	5	1	Sencillo	Houston	PIT @ HOU
2956	Jim Ray	5	5	HR	Houston	PIT @ HOU
2957	Tom Griffin	6	9	Sencillo	Houston	PIT @ HOU
2958	Fred Gladding	6	10	Sencillo	Houston	PIT @ HOU
2959	Ron Reed	8	5	Sencillo	Atlanta	PIT @ ATL
2960	Pat Jarvis	9	5	Sencillo	Atlanta	PIT @ ATL
2961	Ross Grimsley	23	8	Sencillo	Pittsburgh	CIN @ PIT

HIT	LANZADOR	DÍA	ENTRADA	TIPO DE HIT	CIUDAD	EQUIPOS
AGOSTO						
2962	Juan Marichal	22	6	Sencillo	San Francisco	PIT @ SFG
2963	Tommy John	25	3	Sencillo	Pittsburgh	LAD @ PIT
2964	Tommy John	25	8	Sencillo	Pittsburgh	LAD @ PIT
2965	Al Downing	27	1	Sencillo	Pittsburgh	LAD @ PIT
2966	Pete Mikkelsen	27	8	Sencillo	Pittsburgh	LAD @ PIT
2967	Mike Caldwell	28	6	Sencillo	Pittsburgh	SDP @ PIT
2968	Mike Corkins	29	3	Sencillo	Pittsburgh	SDP @ PIT
2969	Steve Arlin	30	1	Sencillo	Pittsburgh	SDP @ PIT
2970	Fred Norman	30	7	Sencillo	Pittsburgh	SDP @ PIT
SEPTIEMBRE						
2971	Sam McDowell	2	3	Doble	Pittsburgh	SFG @ PIT
2972	Sam McDowell	2	4	HR	Pittsburgh	SFG @ PIT
2973	Wayne Twitchell	4	3	Sencillo	Pittsburgh	PHI @ PIT
2974	Mac Scarce	4	8	Sencillo	Pittsburgh	PHI @ PIT
2975	Dan McGinn	6	1	Triple	Pittsburgh	CHC @ PIT
2976	Burt Hooton	7	5	Doble	Pittsburgh	CHC @ PIT
2977	Burt Hooton	7	7	Sencillo	Pittsburgh	CHC @ PIT
2978	Mike Torrez	10	8	Sencillo	Montreal	PIT @ MON
2979	Burt Hooton	12	1	Doble	Chicago	PIT @ CHC
2980	Burt Hooton	12	5	Sencillo	Chicago	PIT @ CHC
2981	Burt Hooton	12	7	Sencillo	Chicago	PIT @ CHC

HIT	LANZADOR	DÍA	ENTRADA	TIPO DE HIT	CIUDAD	EQUIPOS
2982	Fergie Jenkins	13	1	Sencillo	Chicago	PIT @ CHC
2983	Fergie Jenkins	13	3	Triple	Chicago	PIT @ CHC
2984	Fergie Jenkins	13	7	HR	Chicago	PIT @ CHC
2985	Rick Reuschel	14	1	Sencillo	Chicago	PIT @ CHC
2986	Bill Bonham	14	7	Sencillo	Chicago	PIT @ CHC
2987	Al Santorini	16	6	Sencillo	San Luis	PIT @ STL
2988	Reggie Cleveland	17	1	Sencillo	San Luis	PIT @ STL
2989	Reggie Cleveland	17	7	Doble	San Luis	PIT @ STL
2990	Diego Seguí	17	9	Sencillo	San Luis	PIT @ STL
2991	Jerry Koosman	19	5	Doble	Nueva York	PIT @ NYM
2992	Gary Gentry	21	3	Sencillo	Nueva York	PIT @ NYM
2993	Ray Sadecki	21	4	Sencillo	Nueva York	PIT @ NYM
2994	Balor Moore	22	1	Sencillo	Pittsburgh	MON @ PIT
2995	Bill Champion	26	6	Sencillo	Filadelfia	PIT @ PHI
2996	Bob Terlecki	26	9	Sencillo	Filadelfia	PIT @ PHI
2997	Ken Reynolds	27	6	Sencillo	Filadelfia	PIT @ PHI
2998	Bucky Brandon	27	9	Sencillo	Filadelfia	PIT @ PHI
2999	Steve Carlton	28	4	Sencillo	Filadelfia	PIT @ PHI
3000	Jon Matlack	30	4	Doble	Pittsburgh	NYM @ PIT

RESUMEN · TEMPORADA 1972

19 de junio	Clemente superó a Pie Traynor en la lista de los Piratas de Pittsburgh con 1,275 carreras remolcadas.
13 de sept	**Clemente conectó el último jonrón de su carrera en temporada regular en el Wrigley Field de Chicago.**
	Clemente fue seleccionado Jugador de la Semana de la Liga Nacional durante el periodo del 11 de septiembre al 17 de septiembre. Clemente conectó 12 hits en 21 turnos oficiales para un promedio de .571.
28 de sept	**Clemente conectó el hit 2,999 de su carrera.** El batazo fue el sencillo 2,154 de su carrera. (marca entre puertorriqueños)
30 de sept	Clemente conectó el hit 3,000 de su carrera a las 3:07p.m. El batazo fue un doble en la cuarta entrada al segundo lanzamiento de Jon Matlack. Minutos antes, Clemente le pidió a Willie Stargell que le escogiese un bate. Stargell escogió uno bastante pesado. "Me entregó el bate y me dijo: "ve y lógralo".
3 de octubre	Clemente jugó el último juego de temporada regular de su carrera.
	Clemente conectó hit en ambos partidos de un doble juego, el 4 de septiembre.
3 de octubre	Clemente finalizó su décimo tercera temporada con un promedio ofensivo de .300.

4

CLEMENTE
JUEGO DE ESTRELLAS, POSTEMPORADA Y SERIE DEL CARIBE

CLEMENTE

Roberto Clemente con los Cangrejeros de Santurce. (1955)

JUEGO DE ESTRELLAS

HIT	LANZADOR	AÑO	ENTRADA	TIPO DE HIT	CIUDAD	EQUIPOS
1	Whitey Ford	1961	2	Triple	San Francisco	LA @ LN
2	Hoyt Wilhelm	1961	10	Sencillo	San Francisco	LA @ LN
3	Jim Bunning	1962	1	Doble	Washington D.C.	LN @ LA
4	Camilo Pascual	1962	4	Sencillo	Washington D.C.	LN @ LA
5	Camilo Pascual	1962	6	Sencillo	Washington D.C.	LN @ LA
6	Camilo Pascual	1964	5	Sencillo	Nueva York	LA @ LN
7	Jim Kaat	1966	4	Sencillo	San Luis	LA @ LN
8	Mel Stottlemyre	1966	6	Doble	San Luis	LA @ LN
9	Dean Chance	1967	1	Sencillo	Anaheim	LN @ LA
10	Mickey Lolich	1971	8	HR	Detroit	LN @ LA

SERIE DEL CARIBE

FEBRERO 1955

Hit	Día	Ciudad	Equipos
1	11	Caracas	PAN @ PUR
2	12	Caracas	VEN @ PUR
3	12	Caracas	VEN @ PUR
4	13	Caracas	CUB @ PUR
5	14	Caracas	PUR @ PAN
6	14	Caracas	PUR @ PAN
7	14	Caracas	PUR @ PAN

FEBRERO 1958

Hit	Día	Ciudad	Equipos
8	8	San Juan	PAN @ PUR
9	8	San Juan	PAN @ PUR
10	10	San Juan	PUR @ CUB
11	11	San Juan	PUR @ PAN
12	12	San Juan	VEN @ PUR
13	12	San Juan	VEN @ PUR
14	12	San Juan	VEN @ PUR
15	13	San Juan	CUB @ PUR
16	13	San Juan	CUB @ PUR

SERIE MUNDIAL

HIT	LANZADOR	DÍA	ENTRADA	TIPO DE HIT	CIUDAD	EQUIPOS
OCTUBRE 1960						
1	Art Ditmar	5	1	Sencillo	Pittsburgh	NYY @ PIT
2	Bob Turley	6	1	Sencillo	Pittsburgh	NYY @ PIT
3	Bob Turley	6	3	Sencillo	Pittsburgh	NYY @ PIT
4	Whitey Ford	8	9	Sencillo	Nueva York	PIT @ NYY
5	Ralph Terry	9	6	Sencillo	Nueva York	PIT @ NYY
6	Luis Arroyo	10	3	Sencillo	Nueva York	PIT @ NYY
7	Whitey Ford	12	1	Sencillo	Pittsburgh	NYY @ PIT
8	Whitey Ford	12	6	Sencillo	Pittsburgh	NYY @ PIT
9	Jim Coates	13	8	Sencillo	Pittsburgh	NYY @ PIT
OCTUBRE 1971						
10	Dave McNally	9	1	Doble	Baltimore	PIT @ BAL
11	Dave McNally	9	3	Sencillo	Baltimore	PIT @ BAL
12	Jim Palmer	11	1	Sencillo	Baltimore	PIT @ BAL
13	Jim Palmer	11	3	Doble	Baltimore	PIT @ BAL
14	Miguel Cuéllar	12	5	Sencillo	Pittsburgh	BAL @ PIT
15	Pat Dobson	13	3	Sencillo	Pittsburgh	BAL @ PIT
16	Pat Dobson	13	5	Sencillo	Pittsburgh	BAL @ PIT
17	Eddie Watt	13	8	Sencillo	Pittsburgh	BAL @ PIT
18	Dave McNally	14	5	Sencillo	Pittsburgh	BAL @ PIT
19	Jim Palmer	16	1	Triple	Baltimore	PIT @ BAL
20	Jim Palmer	16	3	HR	Baltimore	PIT @ BAL
21	Miguel Cuéllar	17	4	HR	Baltimore	PIT @ BAL

SERIE DE CAMPEONATO
Liga Nacional (NLCS)

HIT	LANZADOR	DÍA	ENTRADA	TIPO DE HIT	CIUDAD	EQUIPOS
OCTUBRE 1970						
1	Clay Carroll	4	6	Sencillo	Pittsburgh	CIN @ PIT
2	Tony Cloninger	5	1	Sencillo	Pittsburgh	CIN @ PIT
3	Wayne Granger	5	9	Sencillo	Cincinnati	PIT @ CIN
OCTUBRE 1971						
4	John Cumberland	3	1	Sencillo	San Francisco	PIT @ SFG
5	Jim Barr	3	5	Sencillo	San Francisco	PIT @ SFG
6	Don Carrithers	3	7	Sencillo	San Francisco	PIT @ SFG
7	Juan Marichal	5	1	Sencillo	Pittsburgh	SFG @ PIT
8	Gaylord Perry	6	1	Sencillo	Pittsburgh	SFG @ PIT
9	Gaylord Perry	6	6	Sencillo	Pittsburgh	SFG @ PIT
OCTUBRE 1972						
10	Gary Nolan	9	4	Doble	Cincinnati	PIT @ CIN
11	Ross Grimsley	10	4	Sencillo	Cincinnati	PIT @ CIN
12	Ross Grimsley	10	7	HR	Cincinnati	PIT @ CIN
13	Don Gullett	11	1	Sencillo	Cincinnati	PIT @ CIN

5

CLEMENTE
CURIOSIDADES

Clemente conecta un doble por regla "ground-rule double".

30 de julio de 1961

27 de julio de 1971

Clemente conecta una pelota de hit que golpea a un corredor en base.

13 de agosto de 1957

2 de mayo de 1961

27 de septiembre de 1963

22 de abril de 1966

4 de julio de 1969

Clemente es utilizado como corredor emergente

FECHA	BASE
10 de julio de 1955	primera base
28 de mayo de 1956	primera base
20 de junio de 1958	primera base
24 de mayo de 1959	segunda base
12 de julio de 1959	primera base
4 de agosto de 1962	primera base
21 de mayo de 1963	primera base
31 de julio de 1970	primera base

Clemente conecta un hit para dejar en el terreno de juego al equipo contrario

FECHA	ENTRADA	TIPO DE HIT
25 de julio de 1956	9	IPHR
20 de septiembre de 1956	10	Sencillo
2 de mayo de 1959	9	Sencillo
12 de julio de 1959	10	Sencillo
20 de mayo de 1960	12	Sencillo
31 de mayo de 1960	11	Sencillo
15 de julio de 1962	9	Sencillo
9 de agosto de 1963	11	Sencillo
26 de abril de 1964	9	Sencillo
5 de junio de 1964	9	Sencillo
5 de agosto de 1964	9	Sencillo
17 de abril de 1965	10	Sencillo
29 de junio de 1965	16	Sencillo
19 de septiembre de 1965	10	Sencillo
29 de junio de 1966	9	Sencillo
26 de mayo de 1967	12	Sencillo
17 de septiembre de 1967	9	HR
17 de mayo de 1971	9	Triple
15 de julio de 1971	17	HR
1 de julio de 1972	9	HR

Clemente conecta un hit y es puesto out en las bases, al intentar extender un sencillo a un doble, un doble a un triple o un triple a un jonrón dentro del parque

FECHA	BASE
6 de junio de 1956	segunda base
12 de julio de 1956	segunda base
31 de julio de 1956	segunda base
8 de septiembre de 1956	tercera base
28 de abril de 1957	segunda base
22 de abril de 1958	segunda base
8 de agosto de 1958	segunda base
8 de septiembre de 1958	plato
21 de julio de 1959	tercera base
30 de julio de 1959	segunda base
14 de abril de 1960	segunda base
21 de julio de 1961	segunda base
22 de julio de 1961	tercera base
13 de agosto de 1961	segunda base
26 de agosto de 1961	plato
5 de mayo de 1962	tercera base
28 de agosto de 1963	segunda base
8 de julio de 1964	plato
26 de junio de 1967	segunda base
21 de abril de 1968	plato

23 de septiembre de 1968	segunda base
30 de junio de 1969	segunda base
30 de julio de 1969	segunda base
16 de abril de 1970	segunda base
7 de mayo de 1971	segunda base
21 de mayo de 1971	segunda base
20 de junio de 1971	segunda base

Clemente es sorprendido fuera de base y puesto out

FECHA	BASE
30 de abril de 1955	primera base
1 de junio de 1955	primera base
6 de julio de 1955	primera base
21 de abril de 1956	segunda base
2 de mayo de 1957	primera base
3 de mayo de 1961	primera base
1 de julio de 1961	primera base
27 de junio de 1962	primera base
1 de agosto de 1962	segunda base
3 de septiembre de 1962	primera base
29 de mayo de 1965	primera base

21 Datos interesantes

1. Clemente es el único jugador en conectar el hit 3,000 de su carrera en Pittsburgh.

2. Conectó 1,528 hits en Pittsburgh.

3. Conectó 2,944 hits al aire libre.

4. Conectó 56 hits en estadios techados.

5. Conectó 56 hits en entradas extra.

6. Conectó 2,718 hits en estadios con grama natural.

7. Conectó 282 hits en estadios con grama artificial.

8. Conectó 1,515 hits en juegos nocturnos.

9. Conectó 1,485 hits en juegos diurnos.

10. Conectó 18 hits en juegos inaugurales.

11. Conectó 9 hits el día de su cumpleaños.

12. Conectó todos sus hits con pelotas de la compañía "Spalding".

13. Bobby Shantz fue el lanzador de menor estatura en permitirle un hit a Roberto Clemente. (5'6")

14. Gene Conley fue el lanzador de más estatura en permitirle un hit a Roberto Clemente. (6'8")

15. Von McDaniel fue el lanzador más joven en permitirle un hit a Roberto Clemente (18 años y 131 días) 27 de agosto de 1957.

Roberto Clemente en el Muelle de San Juan mientras supervisaba la carga del carguero San Expedito con destino a Nicaragua. 30 de diciembre de 1972.

16. Warren Spahn fue el lanzador de más edad en permitirle un hit a Roberto Clemente (44 años y 122 días) 23 de agosto de 1965.

17. Warren Spahn fue el lanzador que más hits le permitió a Roberto Clemente (67 hits)

18. Clemente le conectó a Tomás Melecio el primer hit de su carrera en la Liga de Béisbol Profesional de Puerto Rico el 23 de octubre de 1952.

19. Clemente conectó un jonrón de línea en su última clínica de béisbol en el Parque Colón de Aguadilla el 27 de diciembre de 1972. Ese sería el último jonrón conectado por Clemente.

20. Clemente fue el primer puertorriqueño en enfrentarse a un lanzador japonés en Grandes Ligas (Masanori Murakami)

21. Clemente utilizó el número 21 ya que su nombre completo tiene 21 letras.

> **CLEMENTE** era grande como jugador, grande como líder, muy humanitario en las causas a favor del prójimo, grande como inspiración para la juventud y para todos los involucrados en el béisbol y en cualquier deporte..."

ROBERTO CLEMENTE
1934 - 1972

Datos del Autor

RICARDO R. OLIVENCIA DE JESÚS, profesor de Educación Física e historiador de béisbol de Grandes Ligas en tiempo real. Publicó en 2014 el libro *A Palo Limpio: La enciclopedia de los puertorriqueños y latinoamericanos en Grandes Ligas.* Egresado de la Universidad de Puerto Rico en Cayey (UPRC). Como atleta universitario ganó dos medallas de oro en la Liga Atlética Interuniversitaria (LAI) en sóftbol masculino.

Universidad de Puerto Rico en Arecibo (UPRA)
1989-1990 Medalla de oro

Universidad de Puerto Rico en Cayey (UPRC)
1992-1993 Medalla de oro

En 2022 fue escogido como el historiador oficial del documental *3,000 Razones*.

RICARDO OLIVENCIA

Made in the USA
Middletown, DE
27 September 2022